CONTENTS

- はじめに ……… 2
- 丸林さんちのあれこれ ……… 4
- これだけ揃えれば家具をつくれる道具カタログ13 ……… 8
- あると便利な道具カタログ ……… 10
- けずる・塗る道具カタログ ……… 11
- 塗料カタログ ……… 12
- 基本の木材＆基本のビス＆クギ ……… 13
- これだけ知っていれば、便利な木工の基本用語10 ……… 14

CHAPTER 1 基本作業を覚えて、家具をつくってみよう！ ……… 16
- 家具づくりの基本作業その① 箱をつくる ……… 18
- 家具づくりの基本作業その② カラーボックスをつくる ……… 22
- 箱の応用その① フタ付きボックス ……… 26
- 箱の応用その② 道具箱 ……… 28
- 箱の応用その③ スタッキング道具箱 ……… 30
- 箱の応用その④ スライドボックス ……… 32
- 家具づくりの基本作業その③ すのこをつくる ……… 34
- すのこの応用その① すのこベンチ ……… 36
- すのこの応用その② ワインボックス ……… 38
- すのこの応用その③ 壁つけシェルフ ……… 40
- すのこの応用その④ すのこ扉 ……… 42
- すのこを応用した扉とドアのコレクション ……… 44

CHAPTER 2 はじめての家具づくりの基本 ……… 46
- 木工の基本の動作（線を引く・測る／切る／つなぐ／けずる／塗る） ……… 48
- アンティーク塗装 ……… 58
- 古材に近づける、塗料見本 ……… 62
- ステンシルのやりかた ……… 63

CHAPTER 3 憧れのお店の家具をつくる ……… 64
- kousha のシェルフ ……… 66
- 手紙舎 2nd STORY のコーナー家具 ……… 70
- アンリロの扉がついたカップ収納棚 ……… 74
- 日光珈琲 朱雀の天板が開く、学習机 ……… 78

CHAPTER 4 丸林さんちの家具づくりレシピ ……… 82
- 簡単黒板 ……… 84　　簡単シェルフ ……… 85　　踏み台 ……… 86
- マガジンラック ……… 87　　壁にいろいろ棚 ……… 88　　持ち運べる机 ……… 90
- 飾りラダー ……… 92　　3段ブックシェルフ ……… 94　　パタパタげた箱 ……… 96
- ワードローブ ……… 99　　引き出し16杯の棚 ……… 104

- いろいろなシーンで使える〈取って付きのボックス〉 ……… 108
- 長男の部屋の家具・収納を、すべて手づくり！ ……… 112
- 長女の部屋のインテリアと収納 ……… 116
- 作り付けの机の作り方 ……… 118
- 木工初心者でも、本当につくれます！① カッティングボードづくりに挑戦 ……… 122
- 木工初心者でも、本当につくれます！② 文庫本棚を手づくり！ ……… 124
- 便利な木材のサイズ・価格リスト ……… 126

〔凡例〕

○ 設計図、材料、道具・その他材料、作り方のなかで数字の単位が記載されていないものは、すべてmm表示です。
○ 材料のサイズは、厚み×幅×長さを表しています。
○ 製作時間、予算は作品1個あたりのもので、あくまでも目安を表記しています。
○ 材料はホームセンターでカットしてもらえます。（1カット価格30円程度）
○ 2×4材などの輸入材は、ホームセンターによって1mm程度の誤差があります。

はじめに

石川 聡
いしかわ　さとし

多摩美術大学卒業後、(株)手塚プロダクションでアニメーターとして勤務。その後デザイナーに転進し、「ペコちゃん」商品のデザイン、ビジュアルイラストを13年間手掛ける。現在はインターネットサービス会社でキャラクターキービジュアル、グッズデザイン、Webアニメや漫画などを幅広く手掛けている。休日のみ木工家＆ハウスビルダーとして制作活動を行う。(聡)

丸林佐和子
まるばやし　さわこ

多摩美術大学卒業。造形作家。NHK教育テレビ『つくってあそぼ』元造形スタッフ。東京都児童会館の造形専門員、小学校図工講師、『めばえ』『幼稚園』(小学館)のアイデアプランナーなどを経て、現在は『こどもちゃれんじぽけっと』(ベネッセ)の工作あそびの監修をはじめ雑誌を中心に活動。インテリア誌、こども雑誌などで連載多数。全国で『こども工作ワークショップ』も展開中。(佐)

http://www.geocities.jp/maru884/index.html

丸林さんちユニット活動

2008年　「丸林さんちの小屋づくり日記」を雑誌「自休自足」で連載。
　　　　「自休自足」公式ブログを同時連載。
2010年　書籍「丸林さんちの手づくり家具帖」出版。J-WAVE 出演。
　　　　USTREAMにて家具製作を生放送。
2011年　書籍「カフェスタイルなお部屋改装術」出版。
　　　　雑誌「Men's LEE」にオリジナル作品を掲載。
　　　　新宿OZONE「メゾン de LEE」にて3ヶ月間作品を展示。
2012年　書籍「丸林さんちの机の上の小さな家具帖」出版。
　　　　「フェリシモ」オリジナル作品を掲載。
　　　　雑誌「すごい文房具デラックス」オリジナル作品を掲載。
2013年　新宿OZONEにてワークショップ＆作品展示。
　　　　岡崎製材「WOOD JOB」で作品の通信販売開始。
　　　　その他、手紙舎主催の「もみじ市」に参加、
　　　　TV出演、雑誌掲載など様々な活動を展開している。

丸林さんちの小さな家具　販売サイト
http://item.rakuten.co.jp/zakka-hows/c/0000000304/

「丸林さんち」の木工本シリーズが4冊目を迎えました。今回貴重なアドバイスをいただいた出版関係者の皆様、手に取っていただいた読者の皆様には厚く御礼を申し上げたいと思います。これまでいただいた読者の方々のご要望を参考に、著者だけの力では達成できなかった濃い内容にまとまったと思います。これはみんなでつくった本だと思います。誠にありがとうございました。

　今回とくに気を使ったのは、「解説の工程数が多く、初心者でも解りやすい木工本」でした。ホームセンターで気軽に手に入る規格サイズの木材、工具、ネットで買えるパーツなど、技術のない初心者でもアンティーク家具や昔ながらの味わいのある家具テイストがここまでつくれるという事を、ご理解いただける内容になっていると思います。私たちも家づくりを決心したときは、全くの素人でした。「お金はかけられないけれど、一生飽きのこない本物の無垢材を使った家や家具に囲まれて暮らしたい」そんな想いからDIYの世界に足を踏み入れ、休日の作業でつくり続けてきました。はじめは多くのハウスメーカーさんやプロの方から「素人には無理だから諦めたら？」と諭されましたが、少数でしたが熱意を理解してくれる人もいました。そういった方々から貴重なアドバイスをもらい、今ではアイデアを効率よく形にできるスキルを身につけるまでになりました。初心者の皆さんに是非お伝えしたいのは、「木工は全力でやるものではない」と言う事です。お金をかける場所は金具だけで良いですし、木材はSPF（P13）などの安価な材料で充分です。強度にこだわるのも必要最低限で良い。効率よく数をつくればそれだけ経験値も上がりますし、暮らしは豊かになっていきます。そして所詮は家具です。乱雑に使い倒してよいもののはず。無垢材には、それを受け入れてくれる懐の深さがあります。つくった人は自分で直せるのです。ばらして木材を古材として再利用もできます。木工本としては王道から外れますが、「丸林さんち」の家具をお楽しみいただけたら幸いです。

石川聡

　私たちは、今まで3冊の木工の本を出しました。どの著書も初心者でも出来る！　という事を伝えてきたつもりですが、それでも、まだまだ『木工は難しいのでは？』、『女の人の力ではつくれないのでは？』などと、思われていると感じていました。木工の本を出したおかげで、私は木工作家だと思われて、『あの人はプロだからつくれるのだろう』、とか『大きくて力持ちだから、つくれるのだろう？』と思われているようですが、155センチの身長でどちらかと言うと小柄ですし、握力は18です。私の本業は「こども工作」を考えたり、つくったりする紙工作の仕事で、決して木工作家ではありません。そこで、今度は普通の女の人でも木工はつくれる‼️　という事をお伝えしたいと思うようになりました。

　私も氏氏も、「丸林さんち」の家具は、技術的な方向に走る事なく、いつも簡単な作り方を心がけています。中でも『デザインが良ければ素敵に見える！』、『無垢の木ならそれで良し、安い木だったら塗りでカバー』と、一つの家具に時間をかけてつくるのではなく、『今欲しいものをつくる！』という事こそ、大事にしています。

　料理の本には、初心者でもつくれる親切な本が沢山ある。でも、木工では難しく思える専門書がまだまだ多く、女の人には少しハードルが高いな、と感じていました。でも、実際には生活の中で「必要な家具」を探しているのは女性です。『サイズがぴったりで少しでも安く、でもかわいいものが欲しい‼️』と思う、生活を楽しむのが好きな女の人こそ、『自分で家具をつくる』ことが出来たら、もっともっと楽しい暮らしが出来るに違いないと思っています。

　端切れの布でバッグをつくるように、残り物でパスタをつくるように、木で家具をつくってくれる女の人が増えてくれたら。そんな思いを持って、編集の諸隈さんに『料理の本にあるような、何ステップかでつくれる‼️　という本をつくりたいのです。本当の意味で、初心者でもつくれる本を出したいのです』と、最初に相談しました。そんなコンセプトの元、何度も何度も考えて、スタッフの方にも思いを伝えて、知恵を借りながら、やっとこの本が出来上がりました。

　はじめての方のために、第1章を『箱からつくれるもの』、『すのこからつくれるもの』で構成したのも、簡単木工にも基本があって、それが出来れば色々とバリエーションを考えられるようになり、いずれは自分の好きな大きさ、好きなデザインの家具をつくっていただけるような本にしたかったからです。さらに、『塗る』や『木の並べ方』などで、木工にも『表現がうまれて、より自分らしい、自分好みの家具をつくれる』ことを、お伝えしたかったのです。

　そして何よりも、私は『つくる事で生活が楽しくなること』を、常に伝えたいと考えています。その想いは本業の「こども工作」でもそうですし、「木工」でも同じです。まずは、つくってもらいたい。そうすれば、きっと木工の楽しさが伝わるはずだから。この本が『木工のはじめの一歩』になりますように、と本書のあちこちに工夫やメッセージを込めたつもりです。

　どうぞ、まずは箱からつくってみて下さい‼️

　最後に、木工を楽しむ人、家具をつくって下さる人が一人でも増える事を願っています。

丸林佐和子

2階から1階のリビングをのぞむ。庭に面したガラス扉から気持ちのいい風が吹き抜ける。

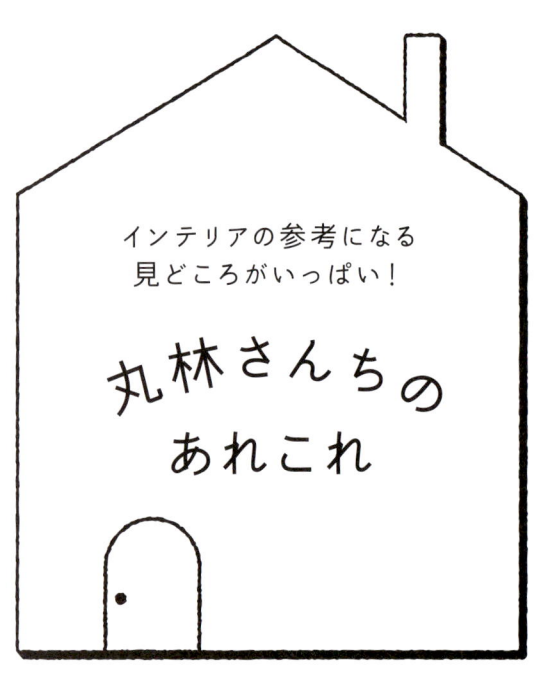

インテリアの参考になる
見どころがいっぱい！

丸林さんちの
あれこれ

1999年に自分たちの家を建てることが決まり、住宅展示場を見に行きました。あちこち行った結果、地元の工務店に理想の家のイメージを相談したら、担当者に「それは自分でつくるしかないですね！」って言われて、その人も自分の家を改装してつくった人だったんです。帰ってきて佐和子さんに相談したら「私がつくるわ」って（笑）。その頃輸入住宅が流行りだしたのですが、まだ材料が日本に入ってきていなかった。佐和子さんがチョコレート色のレンガを探していて、色と見合う値段で買えるのがオーストラリアだった。レンガ、窓、ドア、フローリング、瓦、緑色の雨樋などを探してきました。チョコレート色のレンガは外壁に使っています。家自体は業者に建ててもらって、内装はすべて自分たちで10年以上かけてつくりました。今もつくってるけど（笑）。長男の部屋がこの間終わったので、残りはあと1部屋です。（聡）

リビング

①採光窓に設えられたテーブル：窓からは庭が眺められ、昼は明るい日差しが射し込む。②**外壁を彩るチョコレート色のレンガ**：オーストラリアから輸入したこだわりのレンガ。庭木に自然ととけ込むレンガの家は亡き父の強い要望だった。③**2階廊下からの眺め**：漆喰の壁が目にやさしい。④**リビングから2階へ上がる階段**：階段はやさしいR、漆喰の手すりの手触りもどこかやわらか。丸林家は柱や壁も丸く仕上げてあり、直角はほとんどない。

キッチン

①**レンガを使用したキッチンの壁**：堅牢なのにあたたかいイメージのレンガの壁。 ②**光がこぼれる採光窓**：窓から見える庭の緑。 ③**一番最初につくられたキッチン**：大きいシンクの隣に陶器製の手洗い用と、二槽式。

玄関

①**テラコッタタイル貼りの玄関**：白い漆喰壁とタイル、装飾ともに茶系でトーンを統一し、落ち着いた雰囲気に。 ②**玄関扉の脇の大きな窓**：光がいっぱいに射し込む。 ③**1階の廊下**：玄関からリビングに向かう廊下にも遊び心が光る棚、小物がデコレーションされている。

作業小屋

雑誌『自休自足』の連載が決まったときにつくり始めました。作業小屋は、技術的に出来なかったことすべてを自分でやりたいと、こだわりました。ドア、窓、外壁も自分たちで仕上げて、2年ほどで完成。時間がかかるのは近道を知らないから。そのぶん、手間をかけてしまうのでしょうね。(聡)

①**棚に並ぶ愛用の道具たち**：作り付けの机の上には4段の棚。様々な塗料が整然と陳列されている。
②**2階建ての小屋**：作業場は1階、2階は主に荷物、道具置き場。　③**男のロマンがつまった作業場**：床は玄関と同じくテラコッタタイル貼り。正面扉ほか、入って右手にも扉がある。

これだけ揃えれば家具をつくれる
道具カタログ 13

まず、木工初心者が揃えておきたい基本の道具。
ここで紹介している道具は、実際に丸林さんちで使用されているものばかり。
これだけあれば、基本の箱などはつくることができる。

※表示価格は参考です。

01：金づち　　（100円〜）

クギを打ったり物を叩いて潰す、ならすなど、木工になくてはならない基本の道具。大きさは様々なので、自分で持ってみて頭の部分が重すぎないもの、振ってみて疲れないものを選びましょう。

02：ドリルドライバー
（6400円〜）

ビスをしめたりゆるめたり、穴をあけるための電動工具。下穴をあけてビスで留める作業が一気に楽になります。ドリルドライバーはビスを回転させながら締結します。

03：ビット　　（200円〜）

ドリルドライバーの先端部分のこと。用途に合わせてビットを交換して使う。下穴をあける際に使うキリ状のもの、各種ビス留め用と、使用頻度の高いものはセットで販売されています。

04：メジャー　　（640円〜）

巻き尺、コンベックスとも。やはり木工には、なくてはならない基本の道具。テープが出た状態を保持するロック機能がついているものが便利。長さは様々ですが、3.5メートルもあれば充分でしょう。

05：ノコギリ　　（1100円〜）

木材を切断するノコギリもまた、最低限必要な基本の道具。日本では杉など柔らかい木材を加工することが多いため、木工用ノコギリの刃は薄く、あまり力を入れなくても切断できる。替刃式のものが便利。ノコギリは引く時に切れます。

06：差し金　　（500円〜）

木材に垂直な墨線を引けるのが差し金。長いほうを長手（ながて）、短いほうを妻手（つまて）、直角の箇所を矩手（かねのて）といいます。矩手を使って90度を測ったり、簡単に木材を45度に切ったりすることができる（P48参照）木工作業の必需品。

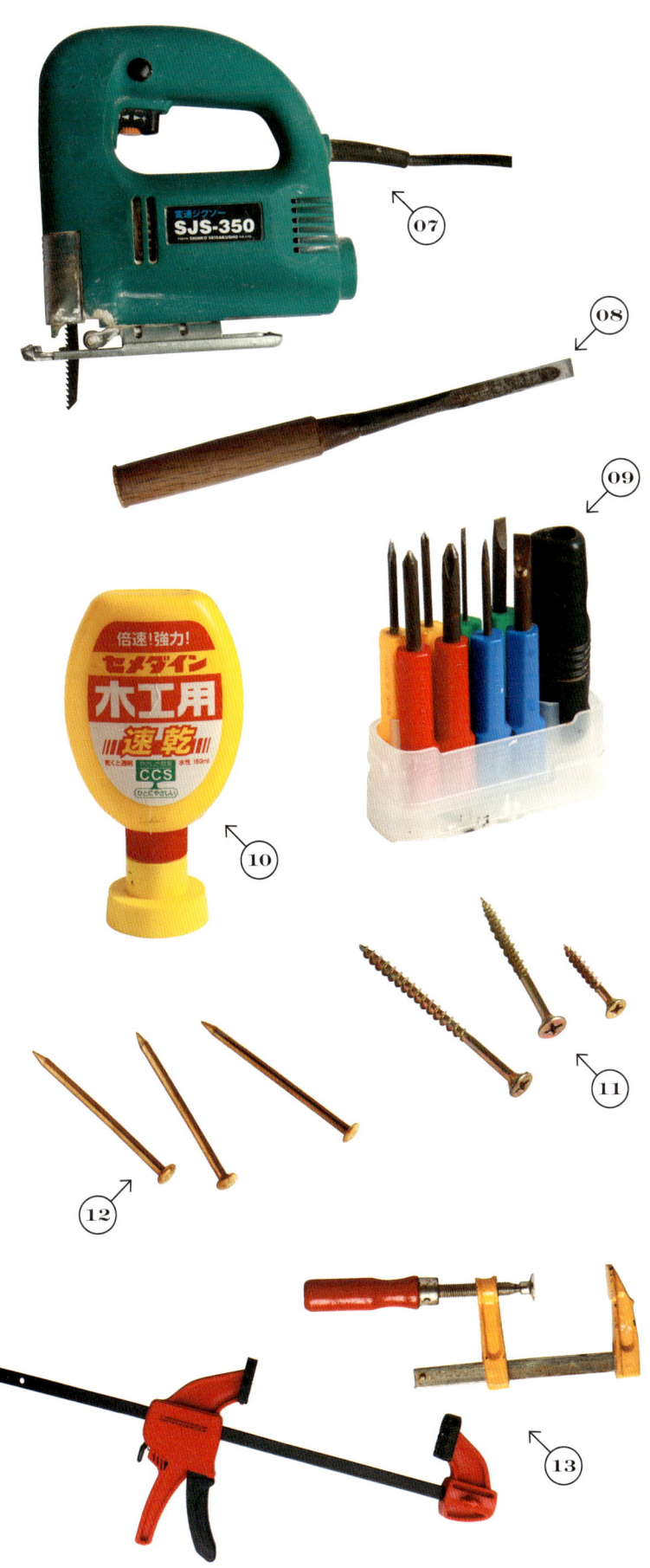

07：ジクソー　（5000円〜）

電動ノコギリの一種。初心者はジグソーの扱いに不安を覚えるかもしれませんが、切る方向を自在に操れ、特に曲線を切るときには、ノコギリよりも簡単で重宝します。もちろん直線も綺麗に切れます。一台あると便利なので、揃えておくと良いでしょう。

08：ノミ　（1200円〜）

ノミは木材に穴を穿ったり、溝を彫ったりします。刃先の形状によって、丸ノミ、平ノミと呼ばれ、サイズも様々。木材の角を丸めるときにも使用します。

09：ドライバー　（800円〜）

一家にひとつはある工具。木工をやらない人でも、手動でビスをしめたりゆるめたりという経験はあると思います。はじめから新しい道具を多く揃えることに抵抗がある人は、キリがついたドライバーセットのキリで下穴をあけ、ドライバーでビスを締結するのもあり。

10：木工用ボンド（300円〜）

木材同士を締結する際、いきなりクギやビスを打つよりも、ボンドを塗って接着、形を固定させ、ボンドが乾いてからクギ、ビスという段階を踏むと、やりやすさが格段に違います。特に初心者はこのやり方が好ましい。

11：ビス〔木ネジ〕　（380円〜）

木材を締結するネジ。ここでは、簡単にビスと呼んでいます。頭部の形状は丸状と皿状とありますが、ここでの木工には皿状のものを使用しています。

12：クギ　（500円〜）

日本では様々な規格のものが販売されています。一般的に鉄丸クギが幅広く使用され、種類も豊富。クギの長さは打ち込む板の厚さの2〜3倍程度が目安。薄い板に大きすぎるクギを打つと板が割れることもあるので注意。こちらも安価なので種類を揃えておくと良い。

13：ハタガネ＆クランプ
（480円〜）

木工締め具。家具、箱づくりにおいては大変重宝するので、できれば3〜4つあると好ましい。木材は反りがあるものが多いため、クギ、ビスを打つ前に木材同士をボンドでつなぎ、ハタガネで形を固定させておきます。サイズは様々だが、450〜600mmが一般的。

あると便利な
道具カタログ

前頁の基本の道具に加え、つくる作品によっては必需品ともなる道具。
特に、壁掛けシェルフをつくる場合、間柱センサーや水準器は必携。
つくりたいものとそれに必要な道具を吟味して揃えていってほしい。

01：間柱センサー
（1500円〜）

壁裏センサー、下地探しとも。壁にクギやビスを打つ際、壁中にある柱の位置を見つける工具。壁にシェルフ、ラックを取り付ける際には、必需品。

02：水準器
（100円〜）

水平器、レベルとも。地面に対する角度、傾斜を測る。水平、垂直、45度が確認できる。水準器があれば、シェルフを壁に取り付けたりする場合、水平にかけられているかを簡単に確認できます。

03：スライド丸ノコ
（17000円〜）

円形のノコ刃が前後に動き、角度切りも出来る電動工具。刃の高さが調整でき、溝が彫れ、ツーバイ規格材の幅286mmの板を一度に切断することができる。これさえあれば堅い木材でも正確に手早く切る事ができる。

04：丸ノコスタンド
（9000円〜）

丸ノコの刃を作業台の上に出し、木材を切断できる。木材を木目と平行に縦に切る「縦びき」には欠かせない道具。大きめの家具製作にチャレンジしたい人にはおすすめ。本格的にやりたい人にはテーブルソーという大型のものもあり。

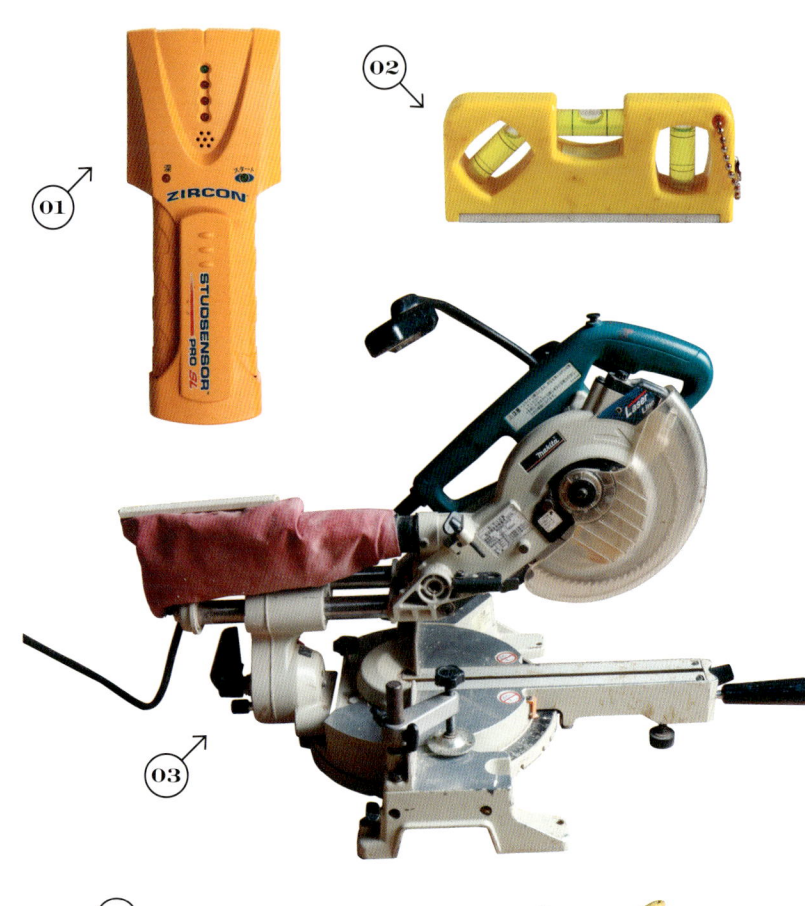
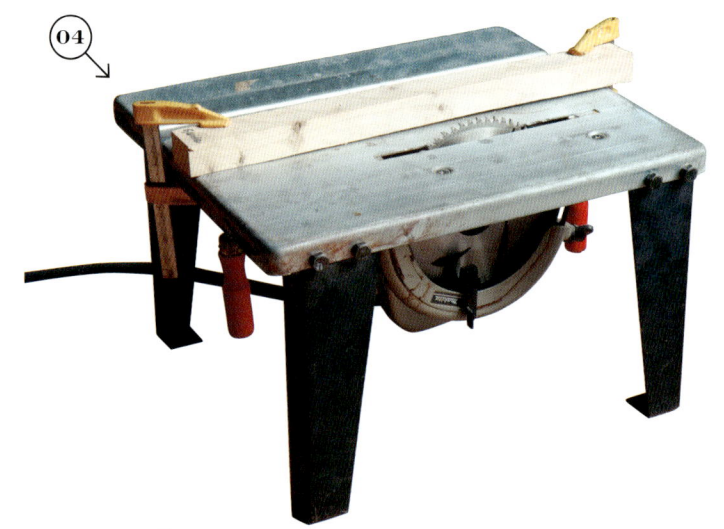

けずる・塗る道具カタログ

木材の角を丸める、出来上がった作品を好きな色に塗るなど、
仕上げに使う道具。仕上げは、作り手の個性を発揮できる工程。
どんな道具が一番自分に合っているかみきわめて。

01：カンナ　　（1700円〜）
職人が使うイメージが強いカンナですが、木材の角をけずる小型のカンナは意外と簡単に扱うことができます。

02：紙ヤスリ　　（50円〜）
サンドペーパー、研磨紙とも。粗度が番号で表示されている。番号が若くなるにつれ、目が粗くなる。仕上げ用に木材の表面を滑らかにしたい場合は中目、細目を使うとよい。数種類揃えておくと便利。

03：アラカン　　（1200円〜）
木材の荒削り、面取りに好適。ハンディタイプなので、手軽で初心者にも扱いやすい。

04：サンダー　　（4600円〜）
電動の研磨工具。パッドに紙ヤスリをセットして使用するので、手動での研磨よりも均一かつスピーディーに仕上がる。広範囲の研磨が必要な場合、一台あると便利。

05：ハケ　　（200円〜）
塗料を塗る道具。ペンキ、オイル、ニスなど、塗料や用途によって数種類揃えておくと良い。

06：ローラー　　（900円〜）
広範囲をスピーディーかつ均一に塗れる塗装用具。

07：サンディングブロック　　（1500円〜）
ハンディタイプの研磨工具。ロール状の紙ヤスリをセットして使用する。軽くて持ちやすいものを選ぶとよい。

08：布
オイルステイン塗装後、木目に馴染ませるために拭いたり、ボンドを塗った後、はみ出た部分を拭き取ったりと、木工には必携のもの。

塗料カタログ

ここで紹介するのは、仕上げの塗料。
種類が豊富なのでとまどうかもしれませんが、すべて必要ということではありません。
自分がつくりたい家具、風合いに合わせて必要なものを選んで。

01：ワトコオイル （1200円〜）

英国で生まれた植物油からなる木材専用の浸透性塗料。木材に浸透し、表面に塗膜を残さないので、木目を活かしたナチュラルな仕上がりに。また、木の呼吸を妨げず、調湿効果もあります。人と環境、木に優しいオイル。

02：木製食器用オイル （1600円〜）

木製のカッティングボード、スプーン、皿などの表面を保護するオイル。口に入っても無害な無味無臭のミネラルオイルなので安心して使用できます。

03：バターミルクペイント （800円〜）

ミルクカゼインと天然素材からなる自然塗料。色の種類が多く、やわらかい色味はマットに仕上がり耐水性に優れています。水性で伸びがあるので、家具、壁、ブロックにも使用できます。
＊ペンキとして記載しています。

04：オイルステイン （1200円〜）

ステイン塗料とは、木材の木目を活かす着色塗料。油性は乾きが早く、塗料が木材に浸透し色持ちがよい。木材に浸透させて着色する染料なので、同じオイルステインでも木材の種類、木目によって色が変化します。試し塗りをすると失敗が少ない。

05：みつろうワックス （1200円〜）

化学物質を含まず、天然素材でつくられた人と環境に優しいワックス。木材を保護し、つやを出すため、長く使う家具のメンテナンスにも最適。乾いた布にワックスをつけ、木材に馴染ませるように拭くだけ。撥水効果もあります。

06：オールクラックアップ （1700円〜）

木材の表面に経年劣化のようなひび割れしたタッチが現れる塗料。しかし、単品ではひび割れ模様は出ません。必ず下地にバターミルクペイントを塗り、乾いたら下地とは逆の方向（下地を縦目に塗ったらクラックアップは横目）に塗ります。しばらくするとひび割れが出てきます。

07：くるみオイル （1300円〜）

くるみの実から採れる乾性油。木材に浸透し、光沢が出て木目の自然な風合いが楽しめます。さらさらした油で、食用にも使用される高級油。カッティングボードや木製スプーンのメンテナンスにも。

08：アクリルペイント

水溶性のアクリル絵具。乾燥が早く、乾燥後には耐水性となるので、ステンシル、白木、布、キャンバスなど、汎用性が高い。色数は豊富なので、好きな色を気軽に選べます。

基本の木材

本書で多く使用される木材。ホームセンターで安価に購入でき、店舗によりカットサービスもあるので、あらかじめ切ってもらうこともできる。それぞれの特徴を捉え、好みの木材を合わせて製作しよう。

松（SPF材）

SPFとは、SPRUCE（えぞ松）、PINE（松）、FIR（もみ）の頭文字を取ってつけられた名称。日本の住宅の2×4工法でも使用される。素材は軽く、適度な柔軟性があるため加工がしやすい。家の中で使用する家具であれば充分な耐性を備えている。

杉

日本固有種で列島北から南まで広く自生し、造林もされているため、古くから家づくり、家具づくりに重宝されてきた。特有のほのかな香りがある。木目は縦にまっすぐで、木目に沿って縦に割れやすいが、柔軟性があるので加工がしやすい。

ベニヤ

薄く切った板を何層にも重ねて接着した木質板。合板とも。安価で厚み、サイズが豊富。外見があまりよくないので、目につく場所に使われることは少ないが、棚の背板、引き出しの底板など、適材適所で活躍する。

古材

古民家から取り出された木材。戦前の日本では、建物が解体された後も、良い部材であれば新築の家に再利用されることは常識だった。古材は材木店やネットなどで入手できる。風合いを重視する人は探してみて。

基本のビス＆クギ

ビス、クギの種類は数え切れないほどあるが、自分がつくりたい家具、木材によって、規格や見た目、大きさを選んでほしい。ビス、クギは大きさも含めて数種類揃えておくとよい。

真鍮（しんちゅう）ビス

真鍮（黄銅とも）は銅と亜鉛の合金で、5円玉硬貨の素材。金に似た美しい見た目から、家具の装飾によく使用される。

鉄製ビス

ビス（ネジ）は円筒がスクリュー状で、木材にねじ入れながら締結する留め具。クギに比べ、強度は高いが、スクリュー部の太さがあるため木材の端に打ったりすると、木材が割れてしまうこともある。鉄製は硬度があるが錆びやすい。

アイアンネイル

歪み、長さ、太さなど1本1本の表情が違うクギ。アンティークな味わいがあり、古材に使ったり、壁に打ち付けてフック代わりにするなど、作り手のアイデアが光る素材。先端は尖っていないため、下穴をあけてボンドを入れて打ち込む。

真鍮釘

真鍮ビスと同じ、金色の美しい見た目から装飾用に使用されるクギ。真鍮は硬度が低いので、スギなどの柔らかい木材を留めるのに適している。

さび釘

アンティークな風合いの家具や雑貨に仕上げたい場合、クギにも時間の経過を感じさせるものを使用するとよい。お店で売ってはいないので、鉄のクギ（防錆油を落とす）に塩水をかけて放置しておくと、さび釘ができる。

飾り鋲 / カクシ釘

飾り鋲はあくまで装飾用のクギとして用いられ締結の強度は低い。本書ではビスの頭を隠すために太鼓鋲等を使用している。カクシ釘はクギを打ったあと、頭の部分が折れるクギ。クギを目立たせたくない場所に使われるが、強度は低い。

これだけ知っていれば、便利な

木工の基本用語 10

本書の製作工程でもよく登場する用語。
いずれも木工では基本の用語なので、覚えておくと
ホームセンターや材木店の人に相談するときにも便利。

【 ツーバイフォー(2×4)材 】

木材の断面が2インチ×4インチ材を指す。これを基本構造材とする建築をツーバイフォー工法といい、世界でも多く広まっている。また、2×4の他、2×2、2×6など輸入材として決まった規格がある。樹種はホワイトウッドやSPF材（米トウヒ、松類、モミ類）が広く流通している。

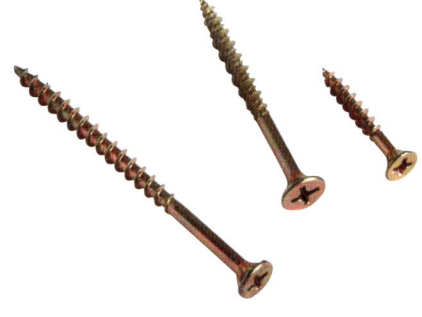

【 ビス 】

日本語ではネジ。ビス（Vis）はフランス語。本書では木ネジをビスと呼んでいる。円筒にスクリュー状の溝があり、木材の合わせ部分にねじ入れながら締結する。ビスは一度しめても、頭が少しでも出ていれば締結時とは逆に回転させて抜くこともできるので初心者向け。

【 ダボ 】

本書では木ダボを使う。作品によっては、美観を損ねるクギやビスを隠すため、木材の締結部分に目隠しとして使用する。ビス留め後、上から木ダボを打ち、飛び出た部分を切削する。解体・分解ができなくなるので、一番最後に行う事。6mm、8mm、10mmなどの規格がある。

【 面取り 】

木材の角部をけずり、平らにしたり、丸みを出す方法。テーブルや棚などの角に人が接触して怪我をする事故を防ぐほか、見た目の優しさが好まれることも。カンナ、ヤスリ、サンダーで加工する。

【　現物合わせ　】

木工には現物合わせがつきもの。現物合わせとは、その場その場で寸法を合わせ、加工していくこと。手間はかかるが、木材にはそれぞれクセがあり、切り出してみたら反っていたり、気温・湿度によって膨張、収縮したりと寸法が安定しにくい。現物合わせは合理的で繊細な作業となる。

【　底板の押さえ　】

箱や引き出しなどの底板が地面に接触しない上げ底の家具をつくる場合、底板を浮かせるための枠が必要となる。この枠に使う角材を本書では、「底板の押さえ」(P21参照)と呼んでいる。底板の押さえを木枠の内側につければ、この上に底板を乗せ、接着するだけで完成する。

【　仮留め　】

本書では、木材同士をクギやビスで留める前にボンドで仮留めすることを推奨しています。板が反っているもの、写真のように棚の中板などは、ボンドが乾いて板同士の接着が安定するまでハタガネでしめておく仮留めの工程が重要になってくる。仮留めをすることにより、その後のクギ打ち、ビス留めが格段にやりやすくなる。

【　オイルフィニッシュ　】

オイルフィニッシュとは、仕上げをカラーリング塗装ではなく、オイル塗装にして、木肌の自然な風合いを活かした方法。安価に広い面積を塗れるため、本書では下地に塗る場合が多い。また、艶がないためみつろうワックスで仕上げたり、メンテナンスも同様に行う事で風合いが増していく。

【　あて木　】

木材を真っ直ぐに切るためにノコギリにあてがったり、穴をあけるときに素材の木材を傷付けないように、材の下に敷いたり、あてがったりする端材。木工をしていると、端材は必ず出てくるので、これらを利用すると良い。

【　モールディング　】

表面のつなぎ目を隠したり、装飾を施すために使う、細長い建材。現在では様々なデザインのモールディングがインテリア雑貨店やホームセンターで入手できるため、家具の一部に使用するほか、自宅を気軽に洋館仕様にセルフリフォームする人もいる。

CHAPTER 1
基本作業を覚えて、家具をつくってみよう！

家具づくりの基本作業　箱をつくる
カラーボックスをつくる
すのこをつくる
箱を応用してつくる家具
すのこを応用してつくる家具
すのこ扉の作り方

家具づくりの基本作業　その①

箱 をつくる

製作時間：1 時間　予算：1000 円

私たちは、家具の基本はすべて四角い箱でできているという考え方です。まず、箱をつくることができれば、家具づくりのバリエーションは無数に広がっていきます。この後に紹介するカラーボックス（P22）、フタ付きボックス（P26）、引き出し 16 杯の棚（P104）なども、実は箱づくりの応用にすぎません。一番簡単につくれる箱に必要な道具は、差し金、ノコギリ、ドリルドライバー（なければキリ）、ハタガネ、ボンド、クギ、金づちです。まずは、基本の箱をつくってみて下さい。箱の仕組みがわかれば、この後に出てくる一見複雑そうな家具にも、どんどんチャレンジできます。（佐）

【 材料 】

Ⓐ木枠（前・奥）：SPF（厚 19 ×幅 184 ×長 385）× 2 枚
Ⓑ木枠（側面）：SPF（厚 19 ×幅 184 ×長 325）× 2 枚
Ⓒ底板の押さえ：アガチス（厚 10 ×幅 10 ×長 385）× 2 本
Ⓓ底板の押さえ：アガチス（厚 10 ×幅 10 ×長 267）× 2 本
Ⓔ底板：シナベニヤ（厚 4 ×幅約 287 ×長約 385）× 1 枚
＊寸法に約がついている箇所は現物合わせ

【 道具・その他材料 】　ボンド / クギ / ビス / ダボ

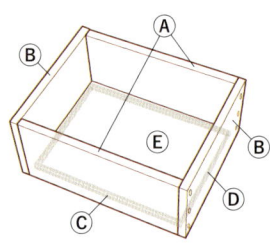

作り方

ⒶⒷ木枠の板に線を引く

購入してきた SPF 材にⒶⒷ木材の寸法を測り、切って各 2 枚ずつ木枠を用意。差し金（定規）の妻手は板面に乗せず、側面に落として使う。こうすることで板に対して長手は垂直になり直線が引けます。

ノコギリで Ⓐ Ⓑ 木枠の板を切る

きれいに垂直に切るコツは、力を入れないこと！ 切り始めはのこ刃の元で引きみぞをつくり、刃全体を大きく使い、線に沿って切る。

ボンドをつける

ボンドはたっぷり塗る。特に木口は水分を吸収するので、多めに塗っておきましょう。

CHECK

Ⓐ Ⓑ 木枠の板同士で接着する

ボンドだけで板同士を接着している段階では、板の反りによってすき間があいたりすることもありますが、大丈夫！

ハタガネをしめる

ハタガネで4辺を固定し、板同士をぎゅっと押さえつければ、反った板のすき間も埋まります。

はみでたボンドをふき取る

たっぷり塗ったボンドのはみ出た分は、そのままにしておくと塗装がのらなくなるので、固くしぼった雑巾や布などで丁寧にふき取る。

Ⓑ 木枠（側面）に下穴の印をつける

30分程度置き、ボンドが乾いたらハタガネを外し、Ⓑ 木枠（側面）のクギを打つ場所に下穴の印をつける。ここでは3カ所にクギを打ちます。

下穴をあける

ドリルドライバーの歯は、この後打つクギよりも細いものを選び、クギの長さよりも浅く穴をあける。下穴をあけると、クギをスムーズに打てます。

クギを打つ

下穴の箇所に垂直にクギを打ちます。クギの長さは板の厚さの3倍を目安に。

ダボで留める場合

ダボ用の穴をあける

締結に目隠し用のダボを使う場合、ダボ用のドリルビットにつけ替え、ダボ穴をあける。使用するダボの太さは8mm。従ってドリルビットも8mm。

ダボ穴にビスを打つ

8mmのダボ穴より小さいビスを選び、ダボ穴の中にビスを入れドリルドライバーで打ち込む。

ダボ穴にボンドを入れる

ビスでつないだ後、穴の中にボンドを流し込む。

ダボを金づちで打って入れる

ダボの側面には細かい溝があり、ボンドの接着力が増します。解体・分解ができなくなるので、必ず最後の行程で行う事。

ノコギリで切る

表面より飛び出したダボをノコギリで切り落とす。

⇨10

ダボで隠れた状態

接合のクギやビスを見せたくない場合、木製の棒であるダボを使用すれば、目立たずキレイに。

ビスで留める場合

ビスの下穴をあける

7の段階で、板同士の反りが大きくすき間がある場合、締結にビスを使います。ビスでつなぐ場合もクギと同じように下穴をあける。

⇨10

ビスをしめる

ドリルドライバーを使えば簡単。かなりの強度に。

⑩

Ⓔ底板の現物合わせ

一番簡単な底板の押さえのないベタ底の箱をつくる場合。底板となるベニヤの上に出来た木枠を置き、外郭に沿って墨線を引く。

⑪

Ⓔ底板をつける

墨線に沿ってノコギリで切ってⒺ底板をつくる。木枠にボンドを塗って底板をつける。

ボンドが乾いたらクギを打つ

ボンドが乾いて底板がズレなくなったら、木枠に沿ってクギを打つ。これで、一番簡単なベタ底の箱は完成！

ⓒⓓ底板の押さえで補強する場合

ⓒⓓ底板の押さえを測る

底板が地面につかない上げ底の箱をつくる場合。枠の内側に角材を貼り、その上に底板を乗せる。まずは木枠に貼る角材を現物合わせで測る。

ⓒⓓ底板の押さえを切る

木枠の内側に沿って現物合わせで測った角材をノコギリで切る。

ⓒⓓ底板の押さえをつける

木枠の内側4辺すべての角材をボンドでつける。

ⓒⓓ底板の押さえがついた状態

これで底板が地面に触れない上げ底の箱になる。引き出しなどはほぼ上げ底タイプ。

下穴をあける

ボンドが乾いたら、ⓒⓓ底板の押さえにクギを打つための下穴をドリルであける。特に細い角材はクギやビスの圧力で割れてしまう場合があるので、必ず下穴をあける。

クギを打つ

ⓒⓓ底板の押さえと箱の枠を締結するクギを打つ。

ⓔ底板の現物合わせ

底板は、枠の内側に貼ったⓒⓓ底板の押さえの上に乗せるため、現物合わせは、内隔に沿って墨線を引く。

ボンドをつけて貼る

ⓒⓓ底板の押さえにボンドを塗り、底板をつければ完成！

家具づくりの基本作業　その②

カラーボックスをつくる

製作時間：3時間　予算：2500円

基本の箱に中板を渡すだけで、カラーボックスになります。市販のカラーボックスは無垢の木ではなく、ペラペラのMDFでつくられたものが多いです。MDFは木屑を固めて化粧板を貼っているだけなので、耐久性がない。重たい雑誌や本を乗せると、中板がたわんできたりします。使い捨て前提でつくられたものはやめて、長く使い続けられて、次の世代にまで渡せるようなものをつくっていこう、というのが私たちのテーマ。たかがカラーボックスでも。ここが、ただの箱から棚という家具をつくる第一段階です。ここから応用していけば、どんどん大きな家具をつくっていくことができます。（聡）

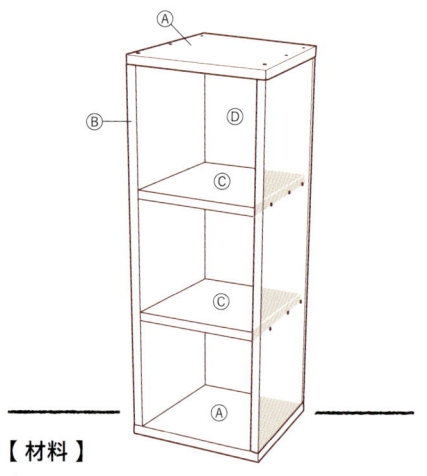

【 材料 】

Ⓐ天地の板：SPF（厚19×幅286×長320）×2枚
Ⓑ側板：SPF（厚19×幅286×長848）×2枚
Ⓒ中板：SPF（厚19×幅286×長282）×2枚
Ⓓ背板：シナベニヤ（厚4×幅320×長886）×1枚

【 道具・その他材料 】

ボンド / クギ / ビス

幅広の板は反りやすい

木材にはクセがあり、特に幅広の板は反っているものが多い。この反りを直すためにハタガネで固定する必要がある。

作り方

1

Ⓑ側板にⒸ中板をつける線を引く

Ⓑ側板に、中にわたすⒸ中板2枚の間隔を測り、中板をつける位置を決めて1本の墨線を引く。

2

板に合わせて線を引く

Ⓒ中板の厚みに合わせてもう1本、墨線を引く。

3

線を引いた状態

これで中板を固定する位置が決定。同じように、もう1カ所中板を固定する位置に線を引く。

4

もう1枚の側板にも線を引く

先に墨線を引いた側板に合わせて、もう1枚の側板にも中板の墨線を引く。

5

Ⓒ中板にボンドをつける

2枚の中板にボンドをつける。

6

ハタガネをつける

側板を立てて、墨線を引いた位置に沿って中板2枚を貼り、ハタガネで固定する。

7 CHECK

ずれている中板を調整する

ハタガネで固定した後、墨線から中板がずれているようであれば、金づちなどを使って墨線に合わす。

8

調整した状態

墨線に沿って中板がはめ込まれたら、ボンドが乾くまでしばらく待つ。

ビスを打つ箇所に墨線を引く

ボンドが乾いたら、Ⓑ側板に中板を固定するビスを打つガイドとなる墨線を引く。Ⓒ中板の幅中央に引くように注意する。

Ⓑ側板に下穴をあける

まずは、墨線の中央にドリルドライバーで下穴をあける。

Ⓑ側板にビスを打つ

下穴をあけた箇所にビスを打つ。

ハタガネをしめる

側板に反りがある場合、ここでもう一度ハタガネでしめて固定し、反りを直す。

Ⓑ側板にもう2カ所ビスを打つ

墨線を引いた両端2カ所に下穴をあけ、ビスを打つ。中板を固定するビスは、3カ所程度が妥当。

Ⓐ天地の板をボンドでつける

Ⓑ側板の上下に木枠にボンドを塗って、Ⓐ天地の板をつける。

ビスを打つ

ボンドが乾いたら、下穴をあけてⒶ天地の板を固定するビスを打つ。Ⓓ背板のない簡単なカラーボックスが完成！

完成

D 背板をつける場合

現物合わせで線を引く

前頁のカラーボックスをベニヤに乗せ、墨線を引く。カラーボックスのD背板に強度は必要ないので、ベニヤで充分。

クランプをつける

ある程度長さのある板を切る場合、同じ長さのあて木を用意し、クランプであて木を固定する事。

あて木に沿って切る

墨線に沿ってあて木をしたら、あて木に沿って慎重に切る。あて木をしておくと、垂直に切る事ができる。

カンナでけずる

カラーボックスの背板を貼る面にささくれや段差が出来てしまった場合は、カンナでけずってととのえる。

ボンドでD背板を貼る

カラーボックスの背板を貼る面にボンドを塗り、背板を貼る。

クギを打つ

ボンドが乾いたら、6〜8cmの間隔で下穴をあけ、クギを打つ。

アラカンでととのえる

まず、全体の角部分をアラカンでザッとけずる。

完成

ヤスリでならす

手触りがよくなるまでヤスリでならす。家具の手触りは大切なポイント。最低限で良いので手の触れる箇所は、丁寧なヤスリがけをこころがける。

下穴をあけると綺麗に仕上がる！

特に杉板は木目に沿って割れることも多いので、下穴をあけて垂直にクギ、ビスを打つようにしよう。

箱の応用　その①

小物を入れる
フタ付きボックス

製作時間：3時間　予算：2000円（金具は含まず）

基本の箱の応用編として、とても簡単につくれる家具です。基本の箱にフタをつけて、掛金をつけたりと、装飾を施しただけで素敵なフタ付きボックスに。写真の作品は、天面の板とフタに古材を使用しているため、古材の色に合わせ、オイルステインを塗って全体的にアンティークの雰囲気でまとめています。それはあくまで好みの表現であって、新しい木材でつくっていただいても良いと思います。掛金もホームセンターなどでたくさん販売していますので、自分の好みに合ったものを選んでつくってみて下さい。(佐)

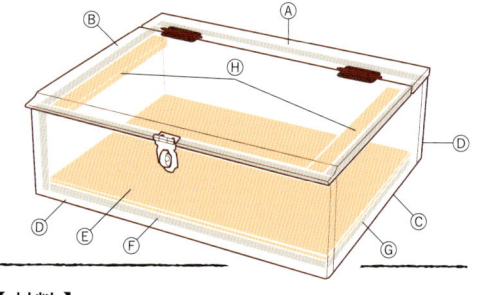

【 材料 】

Ⓐ 天面の板：古材（厚9×幅45×長305）×1枚
Ⓑ フタ：古材（厚9×幅190×長305）×1枚
Ⓒ 側板：杉（厚13×幅90×長210）×2枚
Ⓓ 前・奥板：杉（厚13×幅90×長305）×2枚
Ⓔ 底板：シナベニヤ（厚4×幅約210×約279）×1枚
Ⓕ 底板の押さえ：アガチス（厚8×幅8×長約262）×2本
Ⓖ 底板の押さえ：アガチス（厚8×幅8×長約210）×2本
Ⓗ フタの押さえ：米松（厚10×幅15×長約175）×2本
＊寸法に約がついている箇所は現物合わせ

【 道具・その他材料 】

ボンド / オイルステイン / ワックス / クギ / さび釘 / ビス / 蝶番40ミリ×2枚 / 掛金

> 作り方

1 木枠をつくる

ⓒ側板、ⓓ前・奥板をボンドで接着して、クギで固定して木枠をつくる。

2 ⒻⒼ底板の押さえを内側につける

P21と同様に上げ底の箱にするため、ⒻⒼ材を現物合わせでカットし、ボンドで接着。

3 ⒻⒼ材にクギを打つ

ⒻⒼ材に下穴をあけ、クギを打つ。現物合わせで底板を測り、ノコギリで切る。

4 Ⓔ底板をつける

ⒻⒼ材にボンドを塗り、底板をつければ箱部分は完成。2〜4までの工程はP21に詳しい。

5 Ⓐ天面の板をつける

Ⓐ天面の板は古材を使用しているため、反りがある。しっかりと定着させるためにボンドを塗り、ハタガネをしめて固定させる。

6 さび釘を打つ

クギを打つ箇所に下穴をあけ、さび釘を打ってⒶ天面の板が完成。古材に合わせてさび釘を使用している。

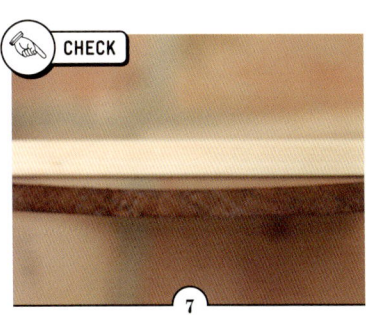

7 CHECK 真横から見ると反っている

Ⓑフタとなる板が反っていると、フタを閉じたときにすき間があいてしまう。

8 ⒷフタとⒽフタの押さえをハタガネで固定

Ⓑフタの反りを真っ直ぐに矯正するために、フタの内側にⒽフタの押さえを取り付ける。内側につけるため、箱の枠に当たらないように、位置に気をつける。

9 Ⓗフタの押さえをつける

Ⓗ材にボンドを塗り、ハタガネで締め付けて矯正。ボンドが乾いたらビスで4カ所補強する。見えない箇所なので、ダボ隠しや太鼓鋲は不要。

10 蝶番をつける

Ⓐ天面の板とⒷフタの間に蝶番をつける。ビスで留める。

11 掛金をつける 完成

Ⓓ前板とⒷフタに掛金をつける。ビスで留める。

色を合わせる

古材を使ってアンティーク感を出す場合、他の木材にもオイルステインを塗って全体の雰囲気を統一させる。

箱の応用 その②

引き出しいっぱいの 道具箱

製作時間：2時間
予算：1500円（金具は含まず）

この引き出しの道具箱に限らず、それぞれの家具は作り方さえ覚えれば、自分の好きなサイズでつくれるという見本です。でも、たくさん並んでいるとかわいいですよね。本書では、基本の作り方を載せていますが、ひとつつくれたら、次はサイズやディテールを変えて、つくってみてください。家具を手づくりするのは、自分の家に一番ぴったりな好みのものを置きたいからだと思います。今回5つつくった道具箱はサイズ、引き出しの取っ手の金具も変えています。金具にも好みが出ると思うので、お気に入りを探してつけてみて下さい。（佐）

【材料】

Ⓐ 木枠（天地）：SPF（厚19×幅184×長195）×2枚
Ⓑ 側板：SPF（厚19×幅184×長50）×2枚
Ⓒ 木枠（前後）：古材（厚12×幅43×長131）×2枚
Ⓓ 木枠側板：米松（厚12×幅43×長169）×2枚
Ⓔ 引き出し板：米松（厚15×幅46×長155）×1枚
Ⓕ 底板：シナベニヤ（厚4×幅約145×長約131）×1枚
Ⓖ 底板の押さえ：アガチス（厚6×幅6×長約131）×2本
Ⓗ 底板の押さえ：アガチス（厚6×幅6×長約133）×2本
＊寸法に約がついている箇所は現物合わせ
＊写真下から2番目の箱の寸法です。

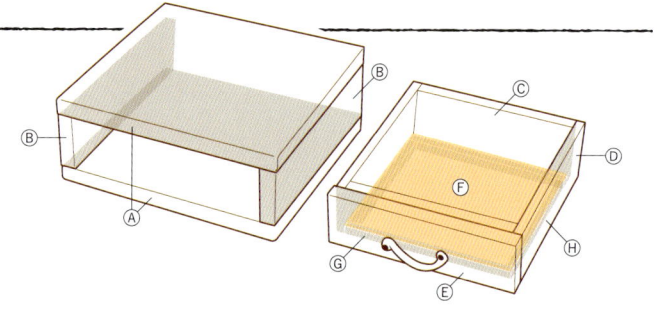

【道具・その他材料】

ボンド／オイルステイン／ワックス／クギ／取っ手×1個

> 外枠の作り方

1　Ⓐ木枠（地）にⒷ側板をつける

まず、外枠をつくる。Ⓐ木枠（地）の上にⒷ側板をボンドで貼りつける。

2　Ⓐ木枠（天）をつける

Ⓑ側板にボンドを塗り、Ⓐ木枠（天）を乗せる。ボンドが乾いたら両面をクギで固定して外枠は完成。

> 引き出しの作り方

1　ⒸⒹ木枠をつくる

ⒸⒹ木枠をボンドで接着して、クギで固定する。

2　ⒼⒽ底板の押さえをつける

木枠にⒼⒽ底板の押さえをボンドで貼りつけ、下穴をあけてクギを打って固定。

3　Ⓕ底板を乗せる

ⒼⒽ底板の押さえの上に現物合わせでカットしたⒻ底板を乗せ、ボンドで固定する。

4　底板がついた状態

底板の接着にはボンドで充分。

5　Ⓒ木枠（前）にⒺ引き出し板をつける

Ⓒ木枠（前）にⒺ引き出し板の古材をボンドで貼りつける。ボンドが乾いたら、Ⓒ木枠の裏面からビスで固定。目立つ部分に古材を使用することで、昭和の古道具箱のような味わいに。

6　取っ手をつける　完成

Ⓔ引き出し板に取っ手の金具をビスで固定する。今回は雰囲気を出すためにさび釘を使用している。

箱の応用　その③

[　積み重ねて使える　]
スタッキング道具箱

製作時間：1日　予算：3000円（金具は含まず）

いつかは道具箱をつくろうと思っていたのですが、今までなかなか時間がなくて今回やっとつくることができました。ホームセンターで売っている道具箱だと、プラスチックのものが多くて、割れたらおしまいですよね。できるだけ、いずれ捨てることになるようなものを買わないように心がけています。プラスチックに比べて木の箱だから重たいのですが、これはラフに使っても丈夫で壊れないし、スタッキングできるのがいいと思います。男の道具箱ですね。どんどん上に積んでいけるし。工具箱って意外と積めないんです、上部が斜めに傾いていたりして。まあ、要は見た目重視なんですけどね（笑）。この位のサイズなら、うちでは余った材料でつくれるし、箱は何にでも使えて便利ですね。部屋に置いて使わないものをしまって上に積んでいけば、収納箱にもなります。（聡）

【材料】
Ⓐフタ：杉（厚12×幅230×長350）×1枚
Ⓑ側板：SPF（厚19×幅140×長190）×2枚
Ⓒ前・奥板：SPF（厚19×幅140×長350）×2枚
Ⓓ底板：シナベニヤ
　　（厚4×幅約228×長約350）×1枚
Ⓔ角材：赤松（厚25×幅38×長228）×4本
＊寸法に約がついている箇所は現物合わせ

【道具・その他材料】
ボンド／オイルステイン／ワックス／バターミルクペイント／クギ／ビス／取っ手×1個／蝶番50ミリ×2枚／掛金

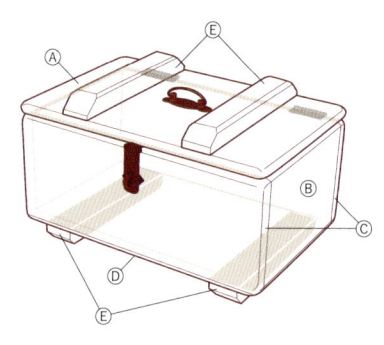

作り方

1
箱の組み立て

Ⓑ側板とⒸ前・奥板をボンドで接着して箱をつくる。ハタガネで締め付ける事で板が密着し、反りによるすき間を無くす効果がある。

下穴をあける

板の端部分は、ビスの圧力で割れる事があるので必ず下穴をあける。ドリルのサイズはクギの太さよりも小さいサイズにする。

クギを打つ

クギを打ち、強度を出す。反りがひどい場合はスクリュークギを使用すると、抜けにくくなるのでおすすめ。

Ⓓ底板の現物合わせ

木枠が製作過程で歪んでしまった場合を考慮して、Ⓓ底板に現物合わせで墨線を引く。※50cmを越える大きいサイズだと歪む確率が高い。

Ⓓ底板をクギで固定

Ⓓ底板をカットして、ボンドで接着し、クギで固定する。ベニヤの厚みが見えてしまうので家具としては邪道だが、最も手軽で簡単な方法。

Ⓓ底板の四辺をカンナで丸める

Ⓓ底板の四辺をカンナで丸める事で、ぬくもり感を出す。その他の面も同様に丸みをつけていく。

サンダーで全体をならす

サンダーで全体をならし、心地よい手触りにする。こうした少しの手間でストレスが軽減し、何度も使用したくなる家具になる。

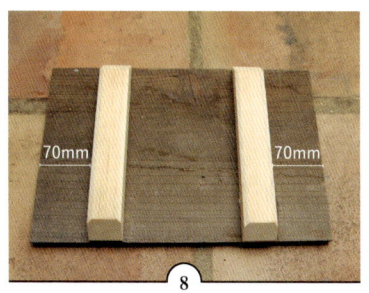

ⒶフタにⒺ角材を取り付ける

Ⓔ角材の両端を45度にカットし、Ⓐフタにボンドで接着。乾いたら裏からビスで固定。スタッキングのために必要な部品だが、フタの反り防止の効果もある。

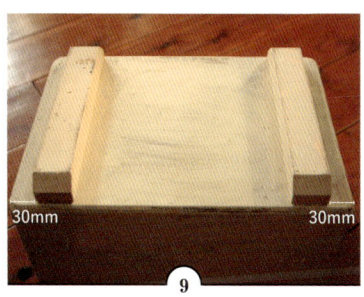

底面にⒺ角材を取り付ける

底面にもⒺ角材を取り付ける。2個以上つくる場合はフタ部分の角材とのキツさを調整しながら取り付ける。ゆるすぎず、キツすぎない程よいバランスが使いやすい。

側面

脚部分を側面から見た状態。Ⓔ角材の斜めカットの参考。また底板を丸め、塗装する事でベニヤが馴染み、厚みの違和感を軽減している。

蝶番の取り付け

Ⓒ奥板の上部に蝶番を取り付ける。(P98参照)

掛金の取り付け

Ⓒ前板とⒶフタの中央に掛金を取り付ける。貴重品を入れる場合に、南京錠が取り付けられるので便利。

取っ手の取り付け

Ⓐフタの中央に取っ手を取り付ける。これは任意だが、持ち運ぶ事が多い場合はとても便利なのでおすすめ。

箱の応用　その④

書類入れに最適な
スライドボックス

製作時間：4時間　予算：2500円

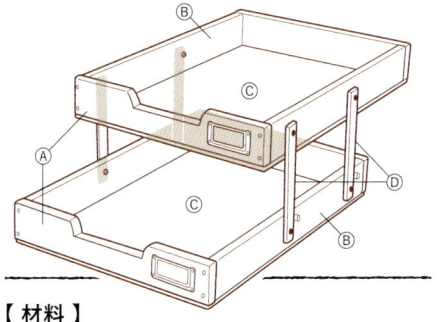

【材料】
Ⓐ前・奥板：米松（厚12×幅43×長240）×4枚
Ⓑ側板：米松（厚12×幅43×長305）×4枚
Ⓒ底板：シナベニヤ（厚4×幅約240×長約329）×2枚
Ⓓスライド板：アガチス（厚5×幅20×長130）×4本
＊寸法に約がついている箇所は現物合わせ

【道具・その他材料】
ボンド／オイルステイン／ワックス／クギ／
トラスコネジ（径3×20mm）＆ワッシャー＆
ナット×4セット／ダボ×4個／ネームプレート×2枚

同じサイズの箱をふたつ作って、アームを4本つければ、素敵なスライドボックスに変身します。箱は、一番簡単につくれるベタ底の箱（P20）です。手紙や書類など、軽いものをしまっておく箱なので、支えとなるアームもそれほど頑丈につくらなくても大丈夫。前板のプレートや手をかけるRも飾りのようなもの。好みでつけてもつけなくてもいいと思います。木のスライドボックスはなかなか見かけたことがなかったので、このアイデアを思いついたときは、ちょっとテンションが上がりました（笑）。書斎の机の上にあったりしたら、ちょっと素敵ですよね。本当に簡単につくれるので、ぜひチャレンジしてみて下さい。（佐）

作り方

1 Ⓐ前板のRのサイズを決める
Ⓐ前板のRは好みのサイズで。箱はふたつつくるので、型紙を用意しておくと作業が楽になる。型紙に沿って墨線を引く。

2 Rの部分を切る
墨線に沿ってジグソーで切る。切り口はヤスリなどで滑らかにならす。

3 木枠をつくる
Ⓐ前・奥板Ⓑ側板をボンドで接着し、クギで固定する。

4 Ⓒ底板の現物合わせ
一番簡単なベタ底の箱なので、木枠の外郭に沿ってⒸ底板を切り出す。

5 ボンドを塗る
木枠にボンドを塗り、底板を乗せる。

6 クギを打って底板をつける
ボンドが乾いたら、クギを打って底板を固定。これで箱は完成！ 同様に箱をもう一つつくる。

7 ストッパーをつける
下段の箱の側板にストッパーを2カ所ダボでつける。ストッパーは右か左の片方だけでよい。位置は10の写真の数値を参照。

8 アーム部分に穴をあける
アームとなるⒹスライド板の端から10mmのところに穴をあける。側板にあける穴の位置は、10の写真の数値を参照。

9 トラスコネジをつける
スライド板の上からトラスコネジをつける。強くしめすぎると、遊びのすき間がなくなり、スライドしなくなるので注意！

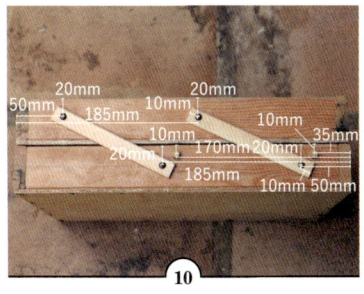

10 Ⓓスライド板を2本つける
下段の箱に取り付けるストッパーとⒹスライド板の位置。上段の箱のⒹスライド板の位置は下段の箱と前後逆になる。写真の数値を参照。

11 プレートの下穴をあける
前板につけるプレートの下穴をキリであける。
＊金具の取り付けは、基本的に塗装の後に行う。

12 クギを打つ　完成
プレートの四隅にクギを打つ。プレートが真鍮製の場合は真鍮釘、アルミの場合は鉄釘など色を合わせる。

家具づくりの基本作業　その③

すのこをつくる

製作時間：1時間　予算：500円

すのこも箱と同様、家具づくりの基本です。板を何枚も連ねるだけでつくれる簡単なもの。インテリアショップで見かける素敵な棚や、公園に置いてあるベンチなども、よく見るとすのこの応用だったりします。ここで、基本のすのこの作り方をマスターすれば、この後に紹介するすのこベンチ（P36）、ワインボックス（P38）なども簡単につくることができます。すのこの箱は、全面を板で覆う箱よりも、軽かったり、安く仕上がったりします。一枚の大きな板は高価でも、すのこのように幅の狭い安価な板を何枚もつなげてしまえば、好きな大きさの箱がつくれるし、通気性がよく、湿気がこもらない利点があります。すのこは木工においては、縫製の波縫いと同じくらいの基本。まず、仕組みと作り方を覚えて、どんどん他の家具づくりに応用していって下さい。（佐）

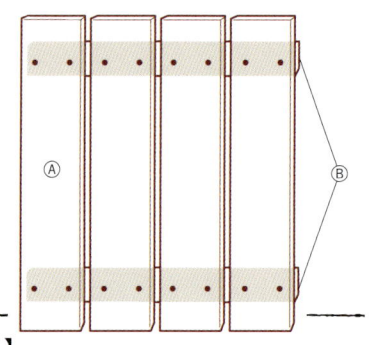

【 材料 】
Ⓐ 前板：杉（厚13×幅90×長450）×4枚
Ⓑ 横板：杉（厚12×幅43×長約400）×2枚
＊寸法に約がついている箇所は現物合わせ

【 道具・その他材料 】
ボンド / クギ

> 作り方

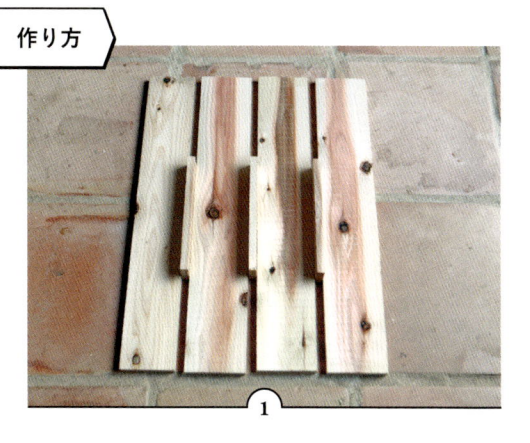

1 すき間に木を入れて間隔をそろえる

同じサイズの4枚のⒶ前板を用意し、同間隔に並べるために、同じ幅の端材を3枚すき間に入れます。

2 ボンドを塗る

同じサイズの2枚のⒷ横板を用意し、ボンドを塗る。ボンドは、4枚に並んだⒶ前板のすき間を避けて塗ること。

3 Ⓑ横板を貼る

本書では、まずボンドで接着し、乾いて板同士が動かなくなってからクギやビスを打つことを勧めています。

4 オモテ面から印をつけた箇所にクギを打つ 完成

ボンドが乾いたら、オモテ面にして床側のⒷ横板がある場所に印をつける。クギを打つ。

すのこの応用で塀もつくれます！

丸林さんちの庭の塀も、すのこ仕様。太さも長さも違う杉の板を何枚も連ねて壁をつくっています。サイズの違う板を並べていくと、変化があって、とても可愛く見えます。安価な荒材（表面がざらついている）を使用しているのでキシラデコール（防腐塗料）をたっぷり塗ってあります。朽ちていく美しさを前提につくりましたが、数年経過している現在でも腐りはありません。

すのこの応用　その①

室内でも屋外でも使える
すのこベンチ

製作時間：1日　予算：3600円

日本家屋に古くから馴染みのある縁台や、ガーデンベンチなど、屋外はもちろん、室内でも腰掛けられるベンチが、すのこの応用で簡単につくれます。買うとそれなりの値段になりますが、置く場所や好みを考えて自分でつくればサイズも自在。今回つくったベンチは大人ふたりが腰掛けて余裕のあるサイズ。脚の高さや座面の幅、塗装を工夫したりして、自分に合う一番ぴったりなものをつくってみて下さい。（佐）

【材料】
Ⓐ座面：SPF（厚19×幅64×長1300）×5枚
Ⓑ木枠横：プレーナー加工材（厚28×幅70×長1155）×2本
Ⓒ木枠側面&中央：プレーナー加工材（厚28×幅70×長180）×3本
Ⓓ脚：プレーナー加工材（厚28×幅95×長400）×4枚

【道具・その他材料】
ボンド / オイルステイン / ワックス / バターミルクペイント / クギ / ビス / 太鼓鋲

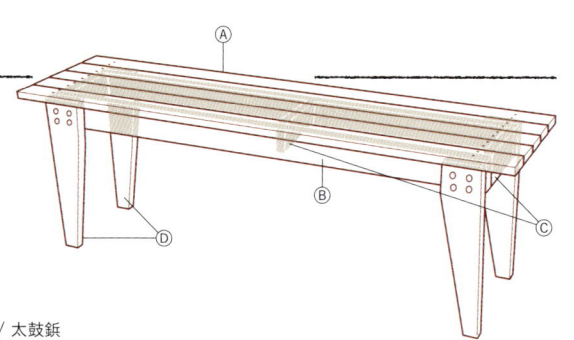

作り方

1　ⒷⒸ木枠をつくる

まず、ⒷⒸ木枠をつくる。ボンドで接着してクギで固定する。強度を増すため、真ん中にも木枠をつける。

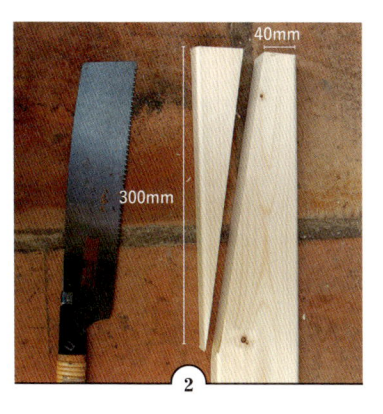

2　Ⓓ脚を斜めにカット

Ⓓ脚を4本ノコギリや丸ノコなどで斜めにカットする。

3　Ⓓ脚をボンドで仮留めする

1で製作した木枠にⒹ脚をつける。ビス留めする前にボンドを塗って接着する。

4　ハタガネで固定する

ボンドを塗った後、ハタガネで4本の脚を固定し、ボンドが乾くまで待つ。ボンドが乾いたら、ビス留めする4カ所に印をつけておく。

5　Ⓓ脚をビスで固定

印をつけた箇所に下穴をあけ、ビスで留める。座面を支える脚の強度を上げるため、4カ所にビス留めすること。

6　太鼓鋲を打ってビスを隠す

ビスの隣に太鼓鋲を金づちで打つ。この太鼓鋲は、いわば飾りの部分。アクセントに使用しているため、好みによってはなくてもよい。

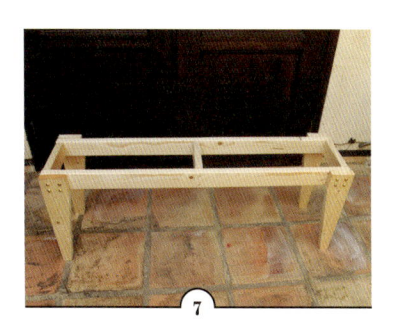

7　脚をつけた状態

Ⓓ脚が4本ついた状態。

8　Ⓐ座面を乗せて完成！

木枠にボンドを塗り、Ⓐ座面を乗せて、クギで固定したら完成。

完成

脚を斜めにカットしなければ、すのこで机がつくれる！

同じ作り方で板の長さ、脚の形を変えれば机にもなります。ちょっとした作業台や、子供部屋のテーブルにも。

すのこの応用 その②

安価で便利な
ワインボックス

製作時間：4時間
予算：2500円

ワインボックスは買うと意外と高いので、以前から自分でつくりたいなと思っていました。用途は色々で、家の中で本箱にしたり服や靴を入れて重ねておいたり、外では園芸用品をしまっておく収納ボックスにしてもいいと思います。たくさん欲しい人は、作り方をマスターして必要なときにサッとつくれるようになれるといいかもしれませんね。米松や杉板でつくれるので、安価に仕上がります。写真のふたつ重なった上の箱には、手で持ち上げやすいようにRをつけて底板には脚をつけました。下の箱のようにRなしのベタ底の箱でもいいですし、作り手の好みに合わせて下さい。作り方は、Rなしの脚があるタイプのものにしています。（佐）

【材料】
Ⓐ前・奥板：米松（厚15×幅85×長565）×6枚
Ⓑ側板：米松（厚15×幅85×長355）×6枚
Ⓒ底板：米松（厚15×幅85×長約385）×6枚
Ⓓ固定用角材：プレーナー加工材（厚15×幅45×長295）×4本
Ⓔ底面の脚：プレーナー加工材（厚15×幅45×長565）×2本
＊寸法に約がついている箇所は現物合わせ

【道具・その他材料】
ボンド / オイルステイン / ペンキ / クギ

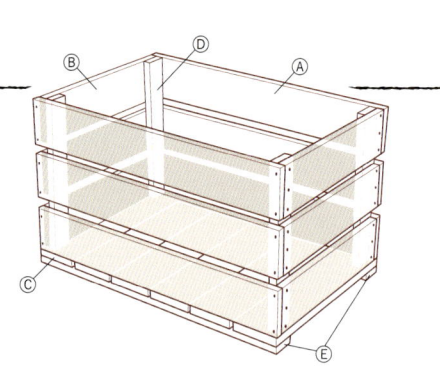

作り方

1 基本のすのこをつくる
同じサイズの⑧側板3枚を用意し、箱の側板となるすのこをつくる。

2 板の間に端材を入れる
3枚の⑧側板のすき間に同幅サイズの端材を入れて、等間隔に並ぶように置く。

3 ⒟固定用角材を貼る
ボンドで⒟固定用角材を貼る。

4 ボンドが乾いたらクギを打つ
ボンドが乾いたらオモテ面にひっくり返して、下穴をあけてクギを打つ。この⑧側板のすのこをふたつくる。

5 ⓐ前板をつける
⑧側板に⒜前板をボンドで貼る。

6 クギを打つ
ボンドが乾いたら、クギを打つ箇所に印をつけ、下穴をあけてクギを打つ。奥板も同様につけて、木枠の部分が完成。

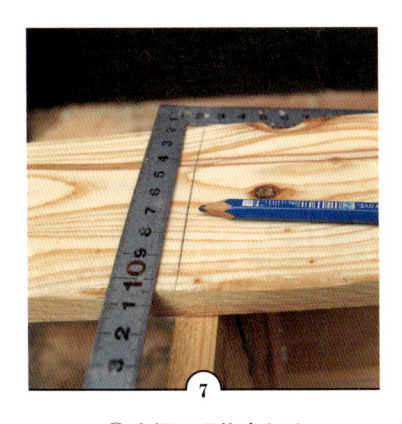

7 ⓒ底板の現物合わせ
木枠に合わせて底板となる板に墨線を引き、ノコギリやジグソーで切る。

8 ⓒ底板にボンドをつけてクギを打つ
6枚の底板にボンドを塗り、木枠に貼る。ボンドが乾いたら、下穴をあけてクギを打つ。

9 底板に脚をつける 完成
ベタ底の箱であれば、8で完成。脚をつける場合、⒜前板と同じ長さの板を2枚用意し、底板につける。

すのこの応用　その③

古材を使った カップシェルフ

製作時間：2時間　予算：1500円

これもすのこの応用で簡単につくれる壁掛けシェルフです。板を一枚貼るより、古材を何枚か連ねて使うことによって、アンティークな表情が出ます。今までのすのこと違って、前板の幅を揃えていません。前板を違う木材にしてみたり、幅を変えたり、色を変えてみても表情が違ってきて面白いと思います。この部分に関しては、板幅を揃えても、変えても強度が変わるということもないし、見た目の変化を楽しむ場所なので、自分の好みに合わせてみて下さい。ここではキッチン用のカップシェルフにしていますが、幅を狭くして本を乗せたり、用途や掛ける場所によって、自由に自分サイズでつくってみては。（佐）

【材料】

Ⓐ 側板：杉（厚24×幅100×長110）×2枚
Ⓑ 背板：赤松（厚15×幅38×長750）×1枚
Ⓒ 底板：プレーナー加工材（厚15×幅95×長750）×1枚
Ⓓ 前板：古材（厚14×幅20×長810）×1枚
Ⓔ 前板：古材（厚9×幅28×長803）×1枚
Ⓕ 前板：古材（厚13×幅20×長810）×1枚

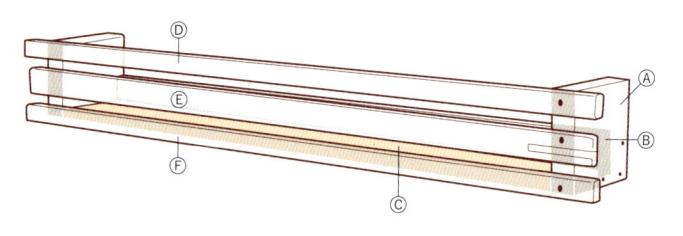

【道具・その他材料】

ボンド／オイルステイン／ワックス／クギ／ビス／間柱センサー／水準器

作り方

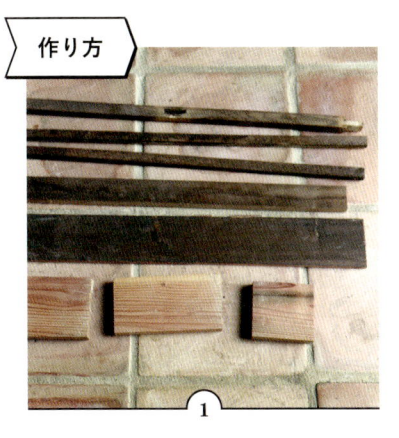

1 古材に色を合わせる
ここでは前板に古材を使っているので、他の木材にオイルステインを塗り、全体のトーンを合わせる。

2 Ⓐ側板Ⓑ背板Ⓒ底板を仮留め
Ⓐ側板2枚、Ⓑ背板、Ⓒ底板を写真のようにボンドで仮留めする。

3 古材にはさび釘を使う
古材に合わせて、さび釘を使用。さび釘の作り方は、P13を参照。

4 Ⓐ側板Ⓑ背板Ⓒ底板をクギで固定
ボンドが乾いたら、クギを打つ箇所に印をつけ、下穴をあけてクギを打つ。

5 間柱センサーで柱の位置を検知する
壁掛けシェルフは、壁の中にある間柱にクギやビスを打って固定するため、間柱センサーで柱を探す。

6 印をつける
間柱センサーで反応があった箇所に印をつけ、ビスを打つ位置にする。

7 ドリルドライバーでⒷ背板をつける
6で印をつけた箇所を目安にドリルドライバーでビス留めする。

8 水準器で調節しながら残りのビスを留める
地面から平行になるよう、水準器で測りながらもう一カ所の間柱にビスを留める。

9 ⒹⒺⒻ前板をつける
壁に固定できたら、Ⓐ側板にボンドを塗って前板を仮留めする。ボンドが乾いて前板が安定したら、下穴をあけてクギを打って完成。

すのこの応用　その④

[アンティーク風
すのこ扉]

製作時間：2日
予算：4000円（金具は含まず）

この扉は初期に製作したもので、すのこの延長で簡単につくれます。この扉は飾りヒンジに一番お金がかかっています。でも、これがあるかないかで全然印象が違うので、ここだけは奮発しました。あとの木材はたいした金額にはならないです。こういうアンティークの木の扉は買うと数十万円はするので、ヒンジに数万円をかけてもいいと思います。飾りヒンジは一回買えばずっと使えます。扉がこわれても、ヒンジだけはずして他に使い回せる。そういう意味で金具は一生ものですね。材料のサイズはあくまで目安なので、ご自宅の扉のサイズに合わせて調整してみて下さい。（聡）

【 材料 】
Ⓐ 板材：ヒノキ（厚13×幅120×長1785）×5枚
Ⓑ 板材：ヒノキ（厚13×幅40×長1785）×1枚
Ⓒ 横板：赤松（厚24×幅105×長610）×2本
Ⓓ 横板：プレーナー加工材（厚15×幅70×長610）×2枚
Ⓔ ラッチ用角材：赤松（厚25×幅38×長845）×1本
Ⓕ 戸あたり：米松（厚16×幅16×長1785）×1本
Ⓖ 飾りヒンジ：ブラックアイアン（幅225×長575）×2枚
Ⓗ アイアン取っ手：購入先／ヤフーオークション
Ⓘ 石目トキン鋲：（25ミリ）×22個　購入先／楽天市場
Ⓙ 真鍮のフック：（幅500×長38）×1個

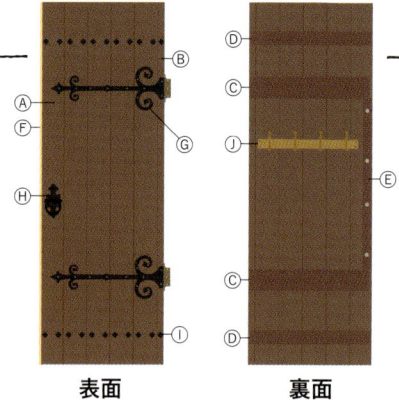

表面　　裏面

【 道具・その他材料 】
ボンド／オイルステイン／ワックス／ビス／ラッチ／蝶番（閉じた状態25×長90ミリ）×2枚
＊ドア上部のアーチ型の作り方は、著書「丸林さんちの手づくり家具帖2」(メディアファクトリー刊) の86頁をご参照ください。

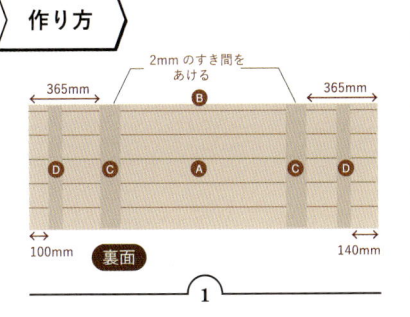

作り方

1. すのこをつくる

図のようにⒶ・Ⓑ板材を並べ、Ⓒ・Ⓓ横板を接着してすのこをつくる。Ⓒ横板は蝶番をつけるので端に寄せて接着。

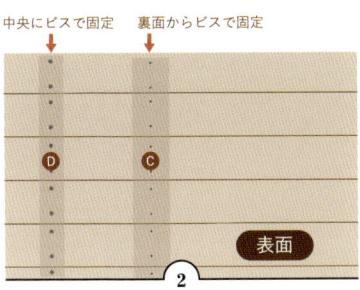

2. ビスで固定する

Ⓓ材はトキン鋲で隠すので表面からビス留めする。Ⓒ材は裏面から固定。

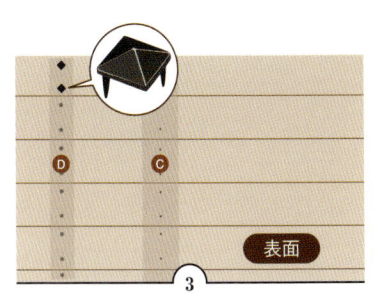

3. 石目トキン鋲を取り付ける

石目トキン鋲の脚を押しあて印をつける。細いドリルで下穴をあける。取れやすいのでボンドを注入してから打ち込む。太鼓鋲で代用も可。

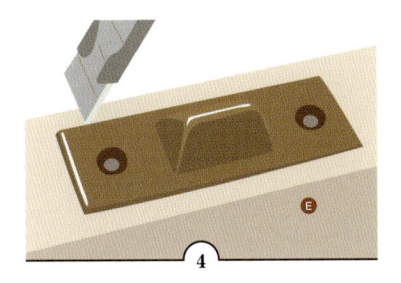

4. ラッチのサイズに切り込みをつける

Ⓔラッチ用角材を用意し、25ミリ面の中央にラッチを押しあてる。次にカッターで4辺をなぞり、切り込みをつける。

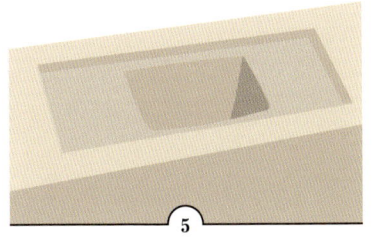

5. 彫り込み

ラッチがはまるようにノミで彫り込む。深い部分はドリルで穴をあけ、ノミや彫刻刀でととのえる。次にビスでラッチを取り付けて完成。

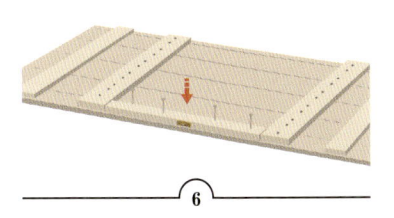

6. 5で製作した角材を取り付ける

5で製作した角材にボンドをつけ、ビスで固定する。塗装をする場合はこの時点で行う。

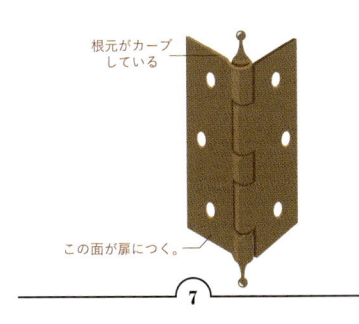

7. 蝶番の構造を理解する

蝶番の取り付けの前に、構造を理解すると良い。図のように根元がカーブしている方を扉側に取り付ける。

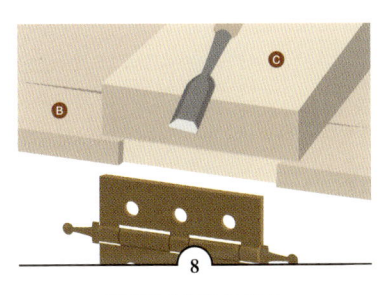

8. Ⓑ板材を彫り込む

Ⓑ板材に蝶番をあて、印をつけたらノミで2ミリ彫り込む。

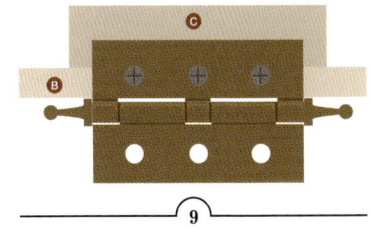

9. 側面図

側面から見た状態。軸の部分はⒷ板材よりも手前に出るように配置する。

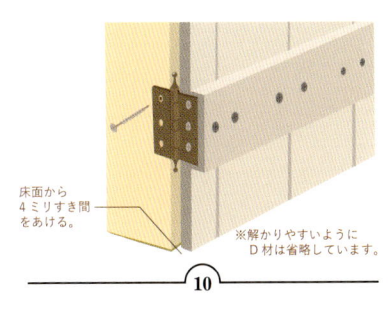

10. ドアの取り付け

9で製作したドアを壁に取り付ける。段ボールなどを敷いて4ミリ程度すき間をつくって位置決めをするとやりやすい。

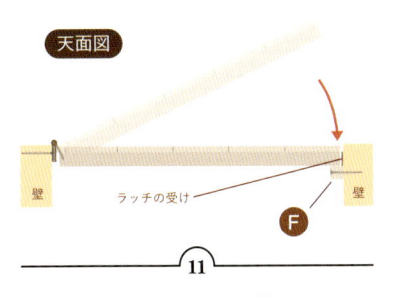

11. 戸あたりの取り付け

ドアを閉じた時に水平に閉まるようにⒻ戸あたりを取り付ける。次にラッチの受け金具を取り付ける。

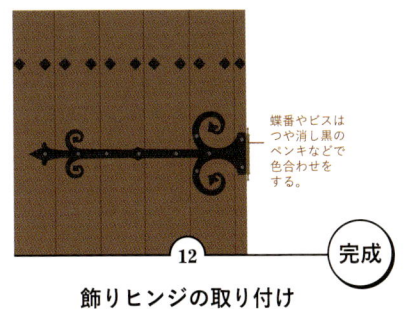

12. 飾りヒンジの取り付け

Ⓖ飾りヒンジをⒸ材のある部分にビスまたはアイアンネイルで取り付ける。Ⓗ取っ手やⒿフック（任意）を取り付けて完成。

完成

丸林さんちの、
すのこを応用した扉とドアのコレクション

初期につくった扉から、ドアの集大成と言える作業小屋のドアまで、いろいろですね。家の中って、実は結構ドアが多いものなんです。①と⑥のドアは、厚みのある米ヒバを使っています。米ヒバは防腐、防虫効果のある木材。安価な荒材の表面をラフにカンナでけずると、写真のような風合いになります。人間の目って不思議なもので、見ただけで厚みがわかるんですよ。木とか壁とか。丈夫で重厚で次の世代に残せるものを作ることが、僕たちの使命だと思っています。そのほうが結局エコにもなりますしね。(聡)

① 子供部屋の扉

長女の部屋にあるクローゼットの扉です。これは厚みのある本格的な米ヒバを使っているので重たいですね。P42の扉をつくった後、もっとできると思ってこれをつくりました。

② アトリエ上の収納扉

初期につくったものです。P42の扉と同じ時期につくっていて、同じように飾りヒンジと取っ手の金具をつけています。厚みはあんまりないので、ちょっと安っぽい。

③ キッチン上の収納扉

一番最初につくった扉です。オーストラリアヒノキのフローリング板を使っています。硬くて重厚感があるのが特徴。大工さんがフローリングを張り終わった後、余った板を捨てようとしていたので、全部救出してもらいました。フローリング板はかみ合わせができているので、すき間が出きません。初心者におすすめです。

④ 中庭の扉

ガーデニングの連載時に佐和子さんがつくった扉です。屋外用なので国産ヒノキを使っています。ヒノキは丈夫で腐りにくいので、外向きですね。支柱もヒノキです。すのこの上部を丸くカットしただけですが、見映えがとてもいいです。

⑤ 玄関の収納扉

初期につくったもの。レッドシダーを使っていて、これも腐りにくい丈夫な木です。杉なので柔らかくて加工がしやすい。一枚板を並べてすのこにしただけです。簡単ですけど、板に厚みがあるので重厚感も出ます。

⑥ 作業小屋側面のドア

これが一番こだわったドアです。外側のレンガのアーチからつくって、大きくて重いので取り付けが大変でした。木材も長女の部屋と同じ米ヒバを使用。本当にいい木を使いたいときは、材木屋に問い合わせるといいですよ。ネットで検索できます。

⑦ 作業小屋の窓の観音扉

ヨーロッパの家によくあるタイプの雨戸です。この窓もこだわりました。雨戸は外開き、窓は内開きです。両方内開き、外開きだと開け閉めできなくなってしまいます。雨戸の取っ手のスライド錠もこだわりの金具。家づくりって楽しいですよね。

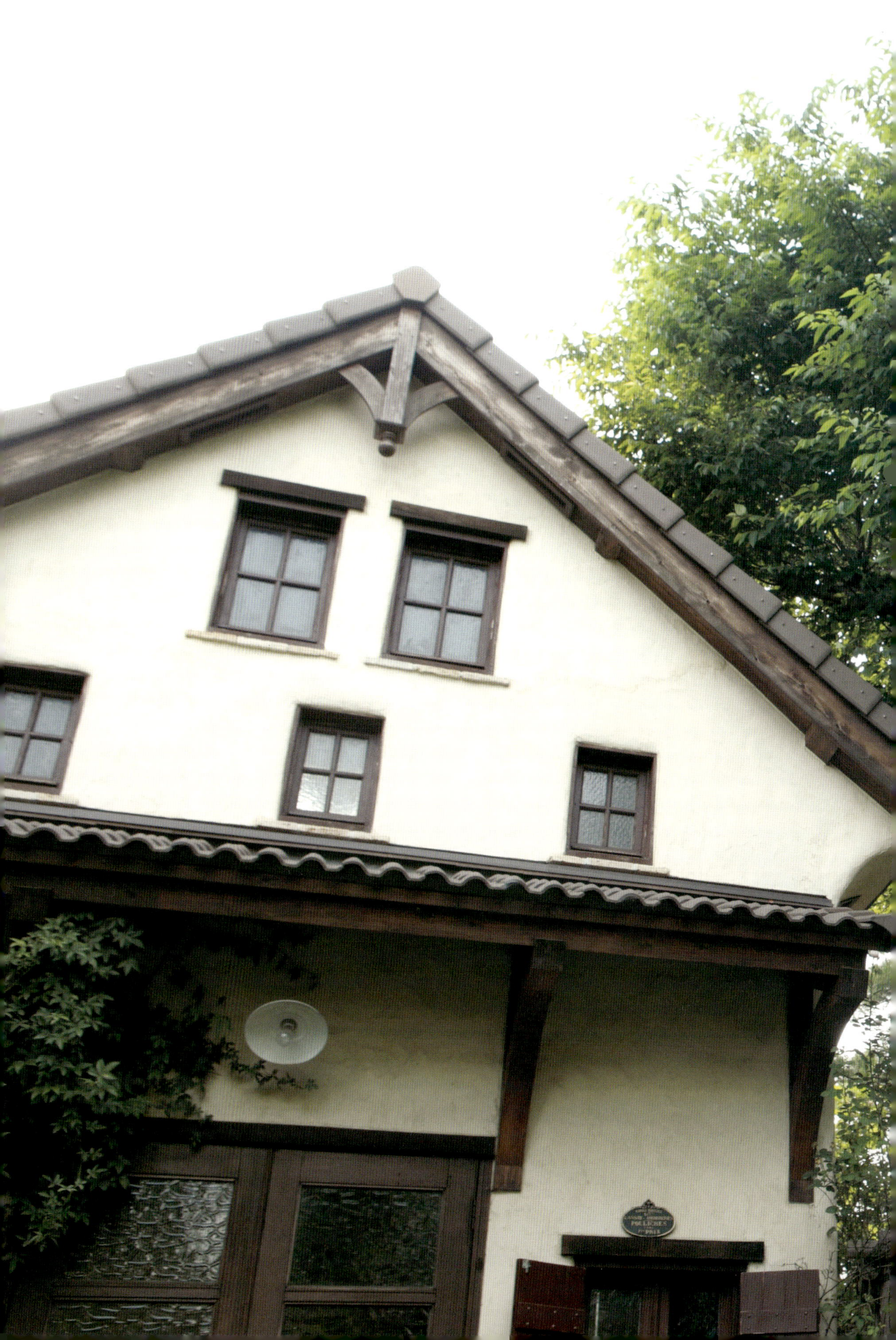

CHAPTER 2

はじめての
家具づくりの基本

木工の基本の動作
〔 線を引く・測る / 切る / つなぐ / けずる / 塗る 〕
エイジング塗装 / アンティーク塗装
古材に近づける塗料見本
ステンシルのやりかた

木工の基本の動作

せっかくの便利な道具も、使い方を間違えば効果が半減してしまいます。
ここでは初心者が間違ったり、迷いがちな道具の使用法と動作を説明します。
道具と使い方をマスターすれば、作業効率、作品の完成度もぐんと上がります！

線を引く・測る

差し金は木工では基本の便利道具。使いこなそう！

差し金で垂直に線を引く

差し金は寸目盛りの長いほうを長手（ながて）、短いほうを妻手（つまて）という。差し金を当てて板に垂直線を引く場合、妻手を板の外側にしっかり落として使用する。

CHECK

差し金の正しい使い方

○ 側面に落とす
板の側面に妻手が引っかかり、真っ直ぐな線を引くことができる。

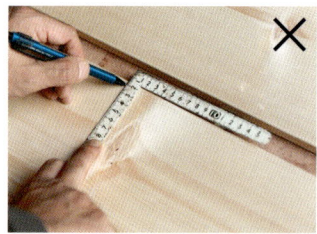

× 板面に乗せない
妻手を板の上に乗せたり、落とさず側面に沿わせたりしがちだが、これではすぐにずれて、垂直線が引けない。

切る

厚みのある板を切る場合、必ずあて木をしよう！

ノコギリで切る

あて木をして切る
板を切る際、板の両端下に端材を敷いて床からの高さを保つと、ノコギリが引きやすい。あて木も端材を利用。

45度に切る

1 差し金で線を引く
長手、妻手両方とも同じ数字を合わせ（写真では5cm）、墨線を引く。

2 あて木をして切る
ある程度厚みのあるあて木を用意し、ノコギリをあて木にくっつけて切る。

3 45度切り完了！
あて木に沿って垂直に切ること。垂直に切れないと、板の表裏で角度が違ってしまうことも。

つなぐ

クギやビスを打つ前に下穴をあけると板が割れたり、斜めにならない

※強度・耐久性10（満点）のつなぎ方は、ほぞ組みです。

クギでつなぐ

強度・耐久性 ★★★★★☆☆☆☆☆

1 下穴をあける
板にクギを打つ前にクギが垂直に入るガイドとして、下穴をあけておくと、斜めになったりずれたりせず安心。ドリルがなければキリでもOK！

2 CHECK クギの長さは板の厚みの2〜3倍
下穴はあくまでクギをスムーズに打つガイド。下穴の深さの目安は、板の厚みの1/3程度。クギの長さより深くあけない事。

3 クギを打つ
下穴にクギを入れて打つ。板の隅の部分は特に割れやすいので、下穴は大事。

ビスでつないで、ダボで隠す

強度・耐久性 ★★★★★★★★★☆

1 ダボ穴をあける
ダボは8mmを使用。8mmのダボ用ドリルで穴をあける。穴の中にビス留めをするため、ビスは8mmのダボより小さいものを使う。

2 ビスを打つ
ビスは、電動ドライバーで回転させて掘り進みながら締結するため、強度が増します。ダボ穴の中にビスを入れ電動ドライバーで留める。

3 ボンドを入れる
ビス留めした後、穴の中にボンドを流し込む。

4 ダボを入れる
ダボを入れた後、上から金づちで叩き、下に押し込む。

5 ノコギリで切る
飛び出したダボをのこぎりで切り、ヤスリで平らにする。

6 ビスが隠れた！
ビス留めで接合面の強度が増し、ダボを使うことでビスの金属部分が隠れて見た目もきれいに。

※失敗しても分解できないので、ダボは最後に入れる事

ダボでつなぐ　仕上がりが美しく、金具を使用しないので分解や解体がノコギリで可能

強度・耐久性 ★★★★☆

1 ダボはドリルの2倍の長さ
ビスを使わずにダボだけで木材同士をつなぐダボつなぎのやり方。ダボは規格が決まっているため、ダボ用のドリルビットと合わせる。

2 線を引く
つなぐ木材の木幅に合わせて墨線を引く。

3 ダボ穴を2カ所あける
墨線の内側に2カ所のダボ穴をあける。向きを間違いやすいので、A、A'と書いておく。

4 ダボマーカーを入れる
接合する木材同士の穴を合わせるダボマーカーがある。ダボ穴にこれをふたつ入れる。

5 ダボマーカーの跡をつける
接合するもう一方の木材を上に乗せ、ぴったり合わせる。ずれやすいので慎重に。

6 跡がついた！
すると、もう一方の木材に対称となる跡がつく。

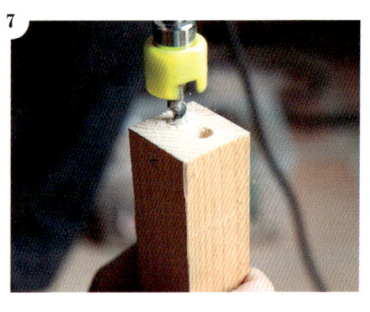

7 ダボ穴をあける
6の跡がついた箇所にダボ穴をあける。

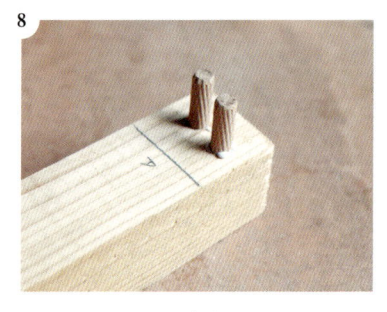

8 ボンドを注いでダボを入れる
ボンドをダボ穴に注いだ後、ダボを入れる。半分の位置まで金づちでたたき込む。

9 一方の木にもボンドを塗る
もう一方の木材のダボ穴と木の面にボンドを塗る。木の面にもボンドを塗ると、接合が強くなる。

10 力を入れてくっつける
すき間なくぴったりと合わさるよう、力を入れてくっつける。

11 ボンドを拭き取る
接合面からはみ出したボンドを布で拭き取る。

12 完成！
ボンドが乾いたら完成！

カクシ釘

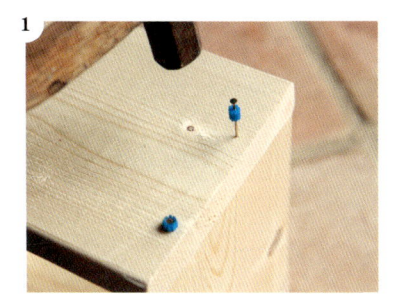

強度・耐久性 ★★★★☆☆☆☆

1 カクシ釘を打つ
クギの頭が目立たないカクシ釘のやり方。垂直になるよう、慎重に打っていく。

2 プラスチックの頭を軽く叩く
打ち終わったら、金づちでプラスチックの頭を横から軽く叩く。

3 頭がとれて完成！
プラスチックの頭が折れたら完成。中に入ったクギは目立たない。

けずる
（ならす）

アラカンもカンナも同じけずる道具。ふたつの違いを紹介。

アラカンでけずる

1 アラカン
アラカンは軽いので女性にも扱いやすい。刃を交換することもできる。

2 アンティークっぽい仕上がりに
角を丸めてぬくもりのある、アンティーク調に仕上げるのは丸林さんちの家具づくりの特徴。

カンナでけずる

1 一生もののカンナ
昔ながらの大工道具。刃を研いだり調整が必要だが、ひとつあれば一生使える。やや男性向き。

2 面をととのえやすい
カンナはアラカンに比べ、けずり幅が大きいため、凹凸を平らにならす作業ができる。

サンダーでならす

1 磨くイメージ
アラカン、カンナでけずった後、サンダーで表面をならす。紙ヤスリの電動版。

2 なめらかな仕上がり
つるつると手触りよく仕上がる。塗装を剥がしたりするときにも活躍する。

紙ヤスリでならす

1 角材にまきつける
紙ヤスリは、角材などにまきつけると扱いやすい。力も均等に伝えられる。

2 ならす
狭い部分は小さく切って使うこともできる。面はサンダー、狭い箇所は紙ヤスリと使い分けも。

角を丸める

1 角をノコギリで落とす
角を丸めるときには鋭角をノコギリで切り落とす。

2 ヤスリでならす
切った角をサンダーや紙ヤスリで丁寧にならす。（P84で紹介している簡単黒板も、4辺の角を丸めています）

塗る

塗装で個性が光る！　好みの塗装を楽しんで。

オイルステインを塗る　光沢は少ないので、ワックスでメンテナンスする

オイルステイン

1 ハケで塗る
木目をいかしたナチュラルな仕上がり。まずは全体をハケで塗る。

2 布でふく
オイルステインは、木材に浸透させて着色する染料なので、馴染ませるように布でふく。

ペンキを塗る　バターミルクペイントはマットな仕上がりになる

ペンキ（水性）

1 ハケで塗る
ペンキにはどうしてもハケムラが出るため、縦、横、縦に3度塗る。まずは縦方向に塗る。

2 縦方向だけ塗った状態
縦に一度塗っただけでは、ムラが出て薄い印象。

3 横方向にも塗る
ムラをなくすため、横方向にもしっかり塗る。

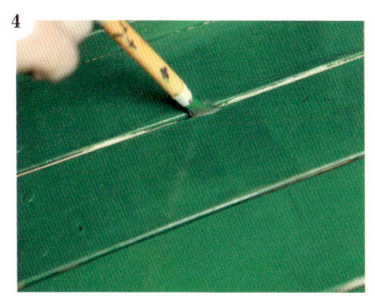

4 細いハケも使う
木材間の狭い部分には、細いハケを使って塗る。
※すき間はあらかじめ塗っておく方が作業性は良い。

5 縦方向にもう一度塗る
最後に縦方向にもう一度塗る。3度塗ることによってムラをなくし、しっかりと着色される。

白木仕上げ　半光沢なので自然な美しさが特徴

みつろうワックス

1　みつろうを布につける
天然素材でつくられたワックスで無色なため、木材の色をいかした仕上がりになる。

2　布で塗り込む
木材に馴染ませるように塗り込むと、つやが出てくる。家具のメンテナンスにも使えるので便利。

2トーン

1　オイルステインを塗る
オイルステインとペンキの2トーン仕上げの場合、まずオイルステインを全体に塗る。

2　マスキングテープを貼る
ペンキを塗らない部分にマスキングテープを貼る。
＊最初から製作する場合は、あらかじめ塗り分けてから組み立てると作業性が良い。

3　ペンキを塗る
ペンキ仕上げの部分にペンキを塗っていく。

塗装見本

ペンキ（P53）

ペンキを少しだけ残す（P55）

アンティーク塗装（P58-59）

エイジング塗装

新しい木材で作っても、塗装次第でアンティークに仕上がる！

ひび割れ（12頁⑥参照）

1 オールクラックアップを塗る
あらかじめバターミルクペイントの下地色（写真は白）を塗った面に、オールクラックアップを一定の方向にハケを動かして塗る。ひび割れさせたい箇所のみに塗ると経済的。

2 上からペンキを塗る
オールクラックアップ塗装が乾いたら、上からペンキを1と交差する方向にハケを動かして塗る。

2 ひび割れた状態
しばらくすると、ひび割れ模様が出てくる。

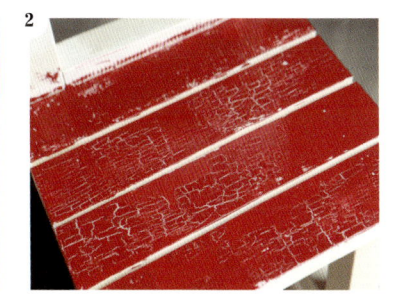

ペンキを少しだけ残す

1 ペンキを少し塗る
ペンキをムラが出るように薄く何ヶ所かに塗る。

2 乾いたらヤスリでけずる
ペンキが完全に乾いたら、ヤスリでけずる。

3 ペンキが薄れる
時間の経過を感じさせるアンティークな風合いに。

ひび割れ（P55）  オイルステイン（P53）  白木仕上げ（P54）

ひとめでわかる塗装いろいろ

同じ形の椅子でも、塗装次第でこんなにも表情が違ってくる。
塗装は最後の仕上げ、かつ作り手の個性を一番発揮できる作業。
自分にぴったり合うイメージを吟味して楽しみましょう！

ペンキ
ペンキを全体に着色。
好きな色を選んで楽しめる
塗装の基本。

ペンキを少しだけ残す
ペンキを少しだけ塗って、
後からはがしてみると、
ちょっと古びた感じに。

2トーン
色の組み合わせは、
作り手のセンス次第！

ひび割れ

年代物っぽい風合い。
ひび割れ模様は
濃い色のほうが目立ちます。

オイルステイン

木目をいかした
風格ある落ち着き。

白木仕上げ

木材そのままの色。
つやつや仕上げで
自然な印象。

アンティーク塗装 （3層エイジング）

我が家は古い家具が多いので、新しい家具だと他との調和が取れず、アンティーク調の仕上げにしています。真っ白な家具や新しい家具が似合うなど、家にはそれぞれ個性があるので、自分の家の雰囲気に合わせることが大切だと思います。ここでアンティーク塗装を紹介するのは、私たちがよくやっているからということと、アンティーク家具が好きだから。買うと何万円もしますが数千円で同じ雰囲気のものがつくれます。好みに合えば、是非チャレンジしてみて下さい。（佐）

使う道具

ペイントローラー ハケ コテ オイルステイン バターミルクペイント トレイ 紙パレット
※塗装の後に、サンダーとみつろうワックスで仕上げます。

塗り方

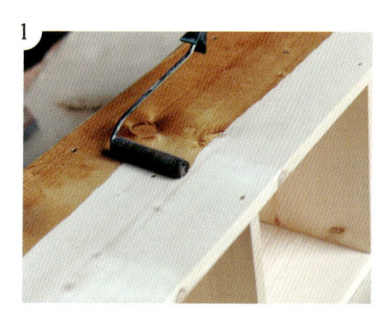

1 オイルステインをローラーで塗る
ペイントローラーを使って全体にオイルステインを塗る。広範囲を均一に塗るにはローラーが便利。

2 木口は色が濃くなる
木材の木口は水分を吸収しやすいため、濃い色になる。

3 奥はハケで塗る
ローラーでは届かない奥や狭い箇所はハケで塗る。

4 オイルステインを塗り終わった状態
着色が浸透し、乾いて落ち着くまで待つ。

5 塗料を割り箸でかき混ぜる
バターミルクペイントをよくかき混ぜて粘度を均一にする。

6 紙パレットに塗料をたらす
よくかき混ぜたバターミルクペイントをパレットにたらす。

7 コテで塗る
パレットの塗料を少量ずつ取り、コテでラフに塗っていく。

8 少しはげていても大丈夫
まんべんなく塗らず、少々塗り残しの部分があるくらいで大丈夫。

9 塗り終わった状態
下地のオイルステインが所々見えるくらい。

10 サンダーで角をけずる
塗料が充分に乾いたら、角をサンダーでけずり、塗料をはがしていく。

11 全体をサンダーでけずる
角の後は全体をサンダーでけずって、塗料を薄くしたりはがしたりする。

12 みつろうワックスで仕上げる
コテで塗った凸凹にみつろうが馴染んでアンティークの風合いが出る。

塗り終わった
カラーボックス

ワードローブの中で
活躍中！

塗装っておもしろい！

背もたれのないタイプの椅子は、野外に持ち出したり、
ちょっとした荷物置きにも使えてとても便利。
塗装を変えるだけで雰囲気が様変わりするので、
まとめてつくって色々な塗装を施すのもおすすめ。

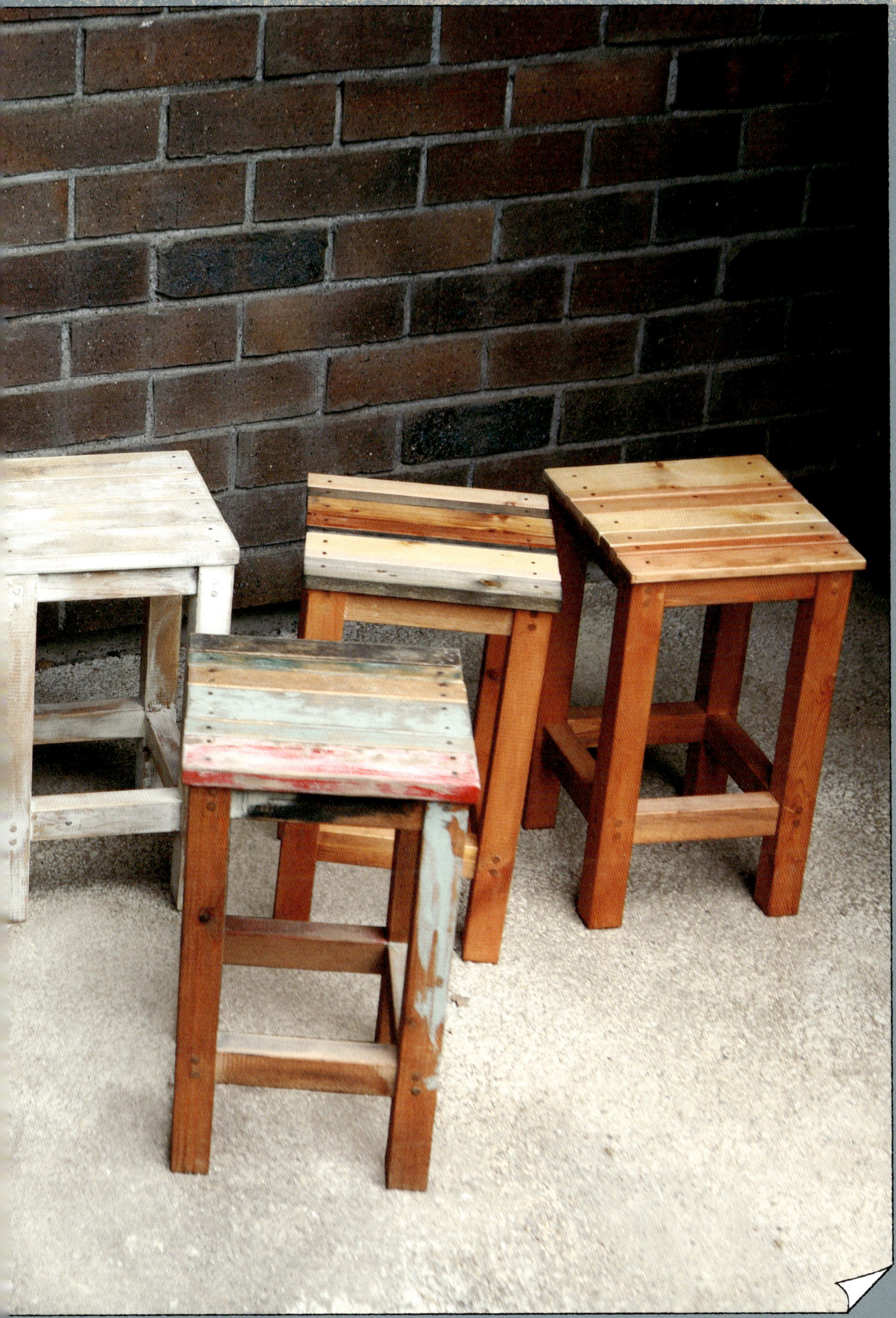

古材に近づける、塗料見本

古材の雰囲気に近づけるために、私たちがよく使う塗料はオイルステインとみつろうワックスです。出回っている数が少ない古材で、すべてを賄うのは難しい。そこで、古材が手に入らないから諦めるのではなく、一番目立つポイントになるところだけ古材を使い、あとは塗料によって古材風に見せる工夫をすれば、充分素敵になると思います。（佐）

古材は古民家から取り出された木材。戦前の日本では、建物が解体された後も、良い部材であれば新築の家に再利用することは常識だった。今回使用しているような古家具をばらした材料は、アンティークショップやネットなどで入手できる。風合いを重視する人は、探してみては。

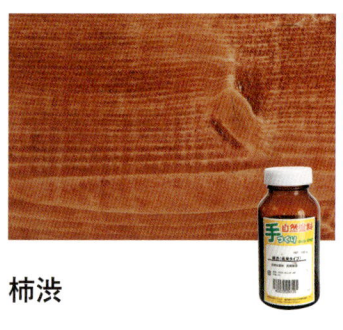

柿渋

日本古来の天然塗料。高価な漆に代わり、一般庶民に広く用いられてきた。日本の民芸家具によく合う。木目に沿って一定方向に塗り、乾燥したらまた塗布するというように、何度かくり返すと発色がよくなる。

オイルステイン（チーク）

木材の木目を活かす着色塗料。油性は乾きが早く、塗料が木材に浸透し色持ちがよい。木材に浸透させて着色する染料なので、同じオイルステインでも木材の種類、木目によって色が変化する。

みつろうワックス

天然素材。木材を保護しつやが出るため、家具のメンテナンスにも最適。アンティーク家具が古くても表面がつややかなのは、みつろうワックスを塗り込んであるため。乾いた布につけ、木材に馴染ませるようにふく。

トールペイント

アクリル絵具。木材、ガラス、陶器、ブリキなどに着色できる。ひとつ150円程度の手頃な価格で、色数が豊富なため、好みの色が見つけやすい。少量でたくさんの色を試してみたい方にお勧め。

油性ペンキ

主に屋外、水場などで使用する木材には油性ペンキが向いている。耐久性でいえば一番。水に強く、塗ると光沢が出る。基本的に専用の溶剤（薄め液）が必要。

水性つやけしペンキ

現在では水性ペンキの耐久性も上がり、水性が主流にもなっている。つやけしとあって、ペンキの特徴でもある光沢が出ない。着色がメインなので、古材の風合いという意味では油性・水性ともにペンキはやや不向き。

ステンシルのやりかた

ステンシルは家具にポイントとなる文字を描いて楽しめます。文字だけでなく、いろいろなイラストのステンシルシートが販売されていて、画材屋さんに行けば手に入ります。自分の家具にオリジナルの表現ができるし、これを趣味にしている人もたくさんいます。やり方は、ステンシルシートの上から絵具を叩き入れるだけなので、とても簡単です。（佐）

ステンシルを塗ったワインボックス（P38－39で紹介）。

1 マスキングテープで固定する
ステンシルシートは置くだけではなく、必ずマスキングテープなどで固定する。固定していないと、ズレが生じる。

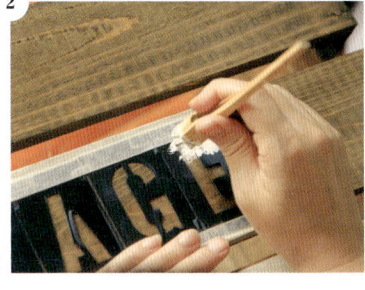

2 短い毛のハケで塗料をたたき入れる
ステンシル専用のハケか、毛先が硬くて短めの筆で、少なめにつけた絵具をシート上に叩き入れながら重ねていく。

3 塗り終わった状態
文字の中に絵具がきちんと入っているか、塗り残しがないかを確認する。

4 固定したまま、片方を1回はがして確認！
ステンシルシートの上下に固定したマスキングテープのどちらか片側だけをはがし、欠けている文字がないか確認。

5 出来あがり！
4で欠けている箇所があれば、もう一度ステンシルシートをかぶせ、絵具を塗ってからテープをはがす。

· Display Shelf ·

· Cup Storage Case ·

CHAPTER 3

憧れのお店の家具をつくる

kousha のシェルフ
手紙舎 2nd STORY のコーナー家具
アンリロの扉がついたカップ収納棚
日光珈琲 朱雀の天板が開く、学習机

· Studying Desk ·

· Corner Shelf ·

憧れのお店の家具を手づくり①

kousha のシェルフ

製作時間：3 時間　予算：3500 円

屋外にも置けるようにレッドシダーを使っています。杉は針葉樹なので枝が多く節が多いのですが、節がないものが輸入販売されています。見た目がとても綺麗です。本棚でも飾り棚でも、こういうタイプのものが一番使い勝手がいいです。(聡)

聡さんがつくった家具

kousha の家具

【材料】
Ⓐ棚板：ウエスタンレッドシダー
（厚17.5×幅140×長550）×4枚
Ⓑ側板：ウエスタンレッドシダー
（厚17.5×幅140×長900）×2枚
Ⓒ背板：杉（厚13×幅132×長585）×1枚

【道具・その他材料】
タイトボンド / オイルステインまたは
キシラデコール / クギ / ビス / 太鼓鋲

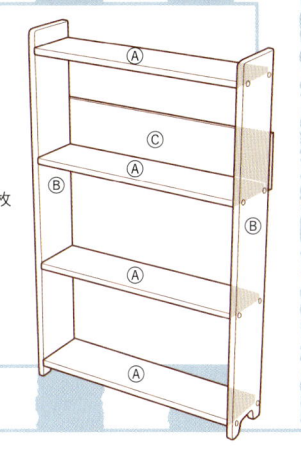

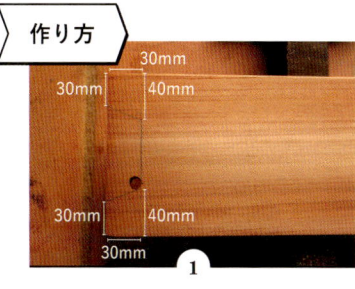

作り方

1 脚のカット①
Ⓑ側板2枚の脚部分をカット。まずジグソーの刃が入るサイズの穴をドリルであける。

2 脚のカット②
ジグソーでカット。レッドシダーは柔らかいので刃が進みすぎないように注意。

3 脚のカット③
ジグソーでカットした状態。ヤスリなどでととのえると奇麗に仕上がる。

4 墨付け
Ⓑ側板2枚に上記のように墨付けを行う。中2枚の棚板の位置は収納するサイズに合わせて自由に変更しても可。

5 ボンドで接着
Ⓐ棚板とⒷ側板を接着する。レッドシダーは耐久性が高いので、外に設置可能。その場合は耐水性の高いタイトボンドを使用する。

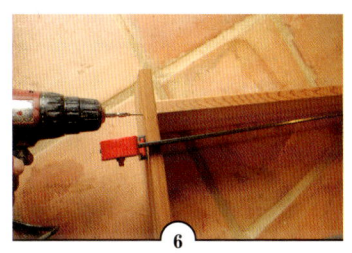

6 ビスで補強する
ハタガネで固定しながらビスで固定していく。外に設置する場合はステンレス製のビスを使用すると耐久性が高まる。

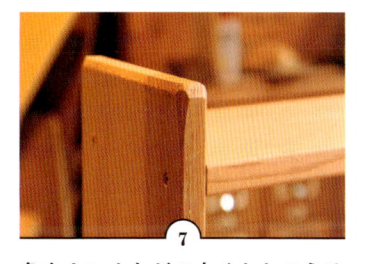

7 角をカンナなどで丸くととのえる
角をカンナなどで丸くととのえる事で使用感が増し、ぬくもりを感じる風合いになる。触り心地も優しいのでおすすめ。

8 太鼓鋲を取り付ける
ビスを太鼓鋲で隠す事で、完成度が高まるのでおすすめ。

9 補強
ヤスリでささくれなどをととのえたら、P66の写真のようにⒸ背板を取り付けて補強する。

10 塗装
塗装は木を守り耐久性を高めるので是非行ってほしい。外置きの場合はキシラデコールなどの防虫防腐効果の高い商品を使用する。

カフェ案内
kousha

　店名のkoushaは、学校の校舎でもあるし、この中で色々なことが起きている、色々な要素が含まれているという意味もあります。これから何かが起きるかもしれないという広がりを見立ててそういう名前にしました。カフェの部分で言えば、ひとつの窓にひとつのテーブルという配置は最初に決めていました。まず、お客様が入って来たときに工房で作業している飯高が見えるヌケ感を大事にしたいと考えています。客席の間が広く、物を置いていないので、お子様連れのお客様にも安心できると言っていただいているのですが、もう少し動線に何か入ってくるような、例えば本棚をドンと置いて陰になる部分をつくってみようとか、建具をはめてみようとか、そういうアイデアはたくさんあります。オープンから1年半経ちましたが、これからも少しずつ変わっていくと思いますので、お客様にも楽しみにしていただけたら嬉しいです。

　　　　　　　　　　（カフェ店長・佐藤渉さん）

　修行しているときから、独立したら地元に帰って器を製作しているところをお客様に見せたいと思っていました。手作りってこれだけ時間がかかって、ひとつひとつ違って素敵なものなんですよって伝えられる場所をつくりたかったのです。直にお客様とお話ができるし、カフェスタッフから「こういう器が欲しい」というリクエストがあるので、こういうほうがいいかな？　といつも試行錯誤で新しいものをつくれます。陶芸教室もやっているので今後、工房のスペースをちょっと広げていこうと思っています。今はそれが楽しみです。

　　　　　　　　　　（器作家・飯高幸作さん）

①**抜けのいい外観**：駐車場を兼ねたアプローチから手前がカフェ。奥が古家具と器の工房を兼ねた販売スペース。②**仁平古家具店から仕入れたテーブル**：ひとつの窓に一席を設けた開放感ある店内。テーブル、椅子ともに人に馴染むような温かさ。③**カフェと器と古道具を置く工房**：カフェで使われる器はすべて飯高さんの作品。カフェと同じ器を購入されるお客様も多い。

作品を置く什器は仁平古家具店のもの。什器も売り物なので、その都度ディスプレイも変わる。

工房では飯高さんが器を制作している。お客様とのコミュニケーションから生まれる作品も。

kousha

埼玉県越谷市東大沢 5-14-8
http://kousha-921.com/
営 11:30-18:00　休 日・月

聡さんがつくった家具

憧れのお店の家具を手づくり②

手紙舎 2nd STORY の
コーナー家具

製作時間：4時間　予算：2000円

コーナーを利用した家具は、初めてつくりました。コーナーもデッドスペースになりやすいので、こういう棚があれば有効活用できますよね。背板2枚の幅を変えれば、大きくも小さくもなるので、自分サイズでつくってみて下さい。（聡）

手紙舎 2nd STORY の家具

【材料】

Ⓐ 背板：SPF（厚19 ×幅286 ×長1175）× 2枚
Ⓑ 棚板：SPF（厚19 ×幅286 ×長265）× 6枚
Ⓒ 支えの丸棒：ラミン（直径21 ×長30）× 1本

【道具・その他材料】

ボンド / オイルステイン / ワックス / ビス

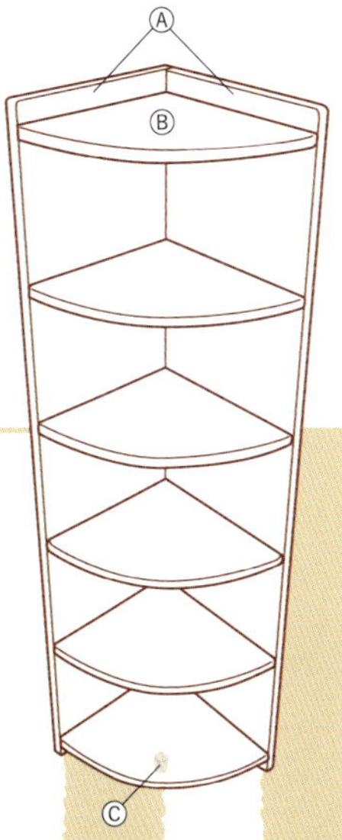

作り方

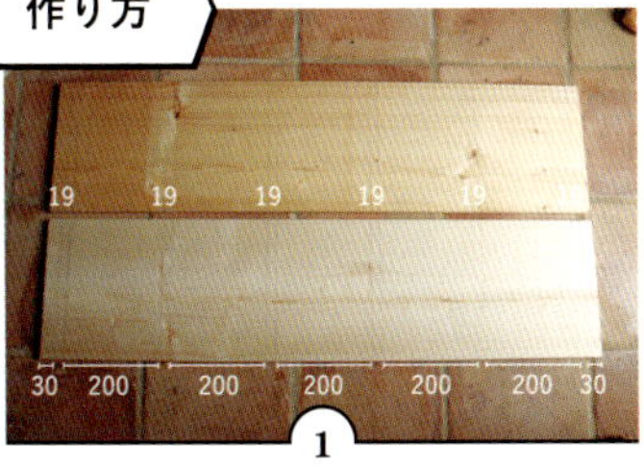

1 墨入れ
Ⓐ背板に上記のように墨入れを行う。

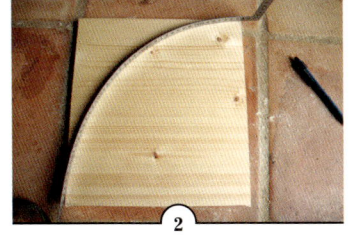

2 差し金をつかったカーブの出し方①
差し金の長い方の隅を靴で押さえ、2辺をつないで曲げた形にする。

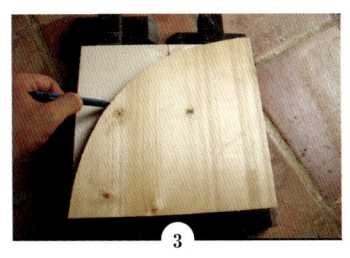

3 差し金をつかったカーブの出し方②
写真のように鉛筆でカーブをなぞる。

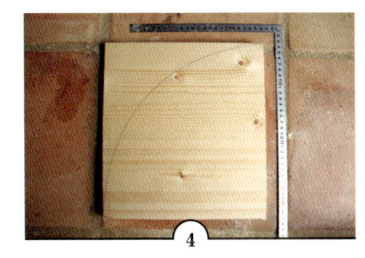

4 差し金をつかったカーブの出し方③
差し金はしなるように出来ているので、こういった応用も覚えておくと便利。

5 ジグソーでカット
4で描いた曲線をジグソーでカットする。

6 角を丸くする
曲線の部分のみカンナなどで角を丸くし、サンダーや紙ヤスリで奇麗にととのえる。

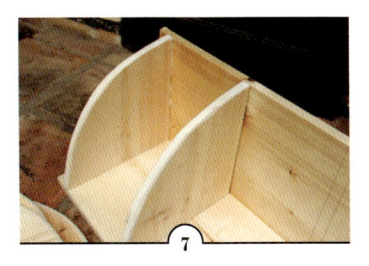

7 組み立て
Ⓐ背板2枚を直角に接着し、1で書いた墨入れの線に合わせてⒷ棚板を接着。天面と底面を先にビスで固定してから中4枚を取り付ける。

8 Ⓒ支えの丸棒を取り付ける
安定性を高めるために、Ⓒ支えの丸棒を底面に接着する。乾いたら反対面からクギかビス（ダボ隠し）で補強する。

カフェ案内

手紙舎 2nd STORY

　私の本業は編集者なのですが、7〜8年前に『自休自足』という雑誌の編集をしていたとき、取材させていただいたのが丸林さんの家でした。その取材がきっかけで、もみじ市というイベントにも参加していただいています。もみじ市の子供担当は佐和子さんです（笑）。それで、もみじ市に参加する作家さんたちの作品を見てもらえて、交流もできるような場所をつくりたくて、2009年に本店のカフェ（手紙舎つつじヶ丘本店）をオープンしました。その後、物販を中心に、カフェを併設してイベントや映画の上映会もできる、人が集まれる広いお店をつくろうということになりました。それがこの手紙舎2nd STORYですね。内装は、建築士の友人に、本店にあわせて設計してもらいました。古い棚やテーブルは自分たちで古道具屋さんから買ってきました。作家さんにつくってもらったものもあります。カフェのテーブルも仲間の大工さんにつくってもらったので、仲間と一緒に手づくりしたようなお店です。

（手紙社・北島勲さん）

雑貨とカフェ
手紙舎 2nd STORY
東京都調布市菊野台 1-17-5 2階
http://tegamisha.com/shop
営 12:00〜23:00　休 月・火

①**開かれた大きな扉がお出迎え**：2階にあるとは思えない開放的な出入り口。風が気持ちよく抜けていきます。 ②**カフェ側から見た雑貨販売スペース**：胸をくすぐる可愛い雑貨が並ぶ販売スペース。作家さん手づくりの稀少な紙ものがたくさんあります。 ③**天蓋を彩る古板のデコレーション**：レジを囲む装飾。天井から下がる色とりどりの古板が森をイメージさせます。 ④図画工作室にあるようなどっしりとした机と椅子。時間を経てきたもの特有の味わい深さ。 ⑤こちらも、学校の下駄箱のような棚。中には雑貨、ペーパー類が並ぶ。 ⑥取材に行った日のランチメニュー。 ⑦丸林さん（左）と手紙社編集者のわたなべさん（右）。

聡さんがつくった家具

アンリロの家具

憧れのお店の家具を手づくり③

アンリロの
扉がついたカップ収納棚

製作時間：2日　予算：3500円（金具含まず）

こだわりは、扉に45度にカットした板を貼っていること。このような意匠はヨーロッパの家具に多くて、ちゃんとつくると高度な技術が必要ですが、今回はベニヤに直接貼るという裏技を使っています。簡単で見た目も美しいのでおすすめです。（聡）

【材料】
- Ⓐ 天板・台座：SPF（厚19×幅184×長410）×2枚
- Ⓑ 側板：SPF（厚19×幅165×長300）×2枚
- Ⓒ 仕切り板：杉（厚12×幅184×長310※300）×1枚
- Ⓓ 仕切り板：杉（厚12×幅167×長372）×1枚
- Ⓔ 飾り材：SPF（厚19×幅14×長188）×2本
- Ⓕ 扉（左右）：米松（厚12×幅43×長297）×4本
- Ⓖ 扉（上下）：米松（厚12×幅43×長198）×4本
- Ⓗ 扉の板：シナベニヤ（厚4×幅198×長297）×2枚
- Ⓘ 扉の飾り板（任意）：シナベニヤ（厚4×幅82×長186）×2枚
- Ⓙ 裏板：シナベニヤ（厚4×幅338×長410）×1枚

※溝が掘れない場合は仕切り板を300mmに設定します。

【道具・その他材料】
ボンド / オイルステイン / ワックス / クギ / さび釘 / ビス / ツマミ×2個 / 蝶番50ミリ×4枚

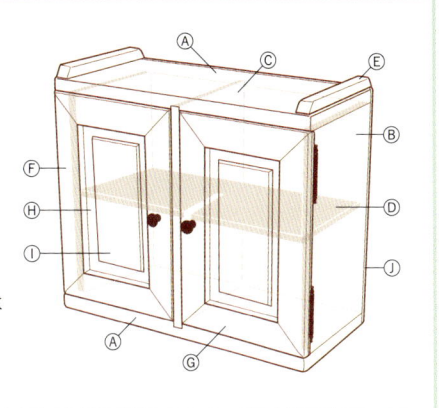

作り方

1. Ⓐ天板・台座に溝を彫る①
スライド丸ノコがある方はⒶ天板・台座に溝を彫ると組み立てやすい。Ⓒ仕切り板をⒶ板にあてて墨線を引く。

2. Ⓐ天板・台座に溝を彫る②
Ⓒ板をはめ込む部分にスライド丸ノコで溝を3~4本彫る。深さ5mm。次にノミや彫刻刀などで余分をけずり落としてととのえる。

3. Ⓐ天板・台座に溝を彫る③
Ⓒ仕切り板をあてて納まりを確認。

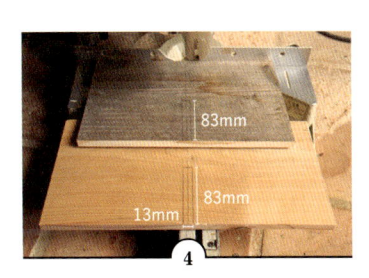

4. Ⓒ・Ⓓ仕切り板のカット①
Ⓒ・Ⓓ仕切り板の噛み合わせをつくるため、墨線を引く。幅が違うので中央を計り、12mm厚の面を直接あてて幅を決めるとやり易い。

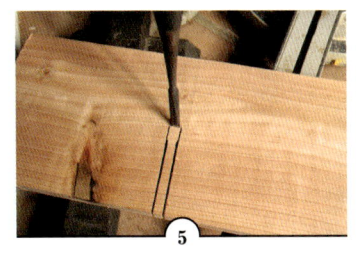

5. Ⓒ・Ⓓ仕切り板のカット②
丸ノコやノコギリで切り目を入る。次にノミで両面に軽く切れ目を入れ、金槌で叩いて落とす。

6. Ⓒ・Ⓓ仕切り板の組み立て
5で製作した仕切り板を組み立てる。ボンドは多めにつけてはみ出すぐらいがちょうど良い。ボンドが乾くと塗装が乗らないので、必ずぬれタオルでふき取る事。

7. 箱の組み立て
Ⓐ天板・台座、Ⓑ側板、6で製作した仕切り板をボンドで接着して組み立てる。

8. Ⓐ天板・台座をビスで固定
Ⓐ天板・台座をビスで固定する。台座部分は（写真参照）設置面に傷がつかないように、ドリルで3mm程穴をあけておくと良い。

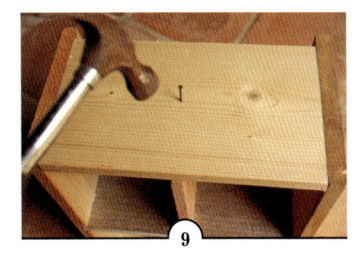

9. Ⓑ側板にクギを打つ
Ⓑ側板部分は見える箇所なので、さび釘で固定すると見映えが良い。3カ所固定。

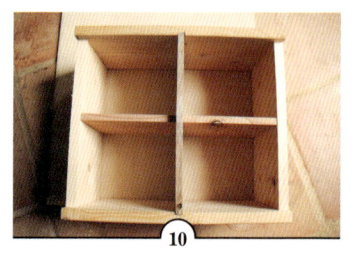

10 Ⓙ裏板の取り付け①
Ⓙ裏板を背面に取り付ける。写真のように現物合わせでサイズを決めると失敗しにくい。

11 Ⓙ裏板の取り付け②
鉛筆で仕切り板の部分を記しておくと、クギ打ちの失敗を回避できる。

12 Ⓙ裏板の調整
ベニヤは切り口がささくれ立つので、端をカンナやサンダーで丸くけずっておく。側面から見た時にベニヤの厚みが目立たなくなる効果もある。

13 扉の製作
Ⓕ・Ⓖ扉を45度にそれぞれカットし、Ⓗ扉の板にボンドで接着する。ずれやすくすき間が生じやすいのでハタガネで4カ所を固定すると良い。2枚製作。

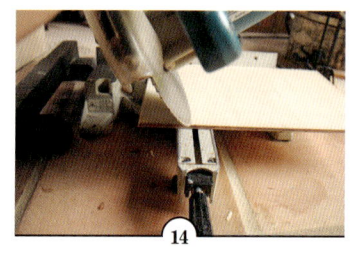

14 Ⓘ扉の飾り板の製作①
スライド丸ノコで4辺の断面を45度にカットする。

15 Ⓘ扉の飾り板の製作②
扉の表面中央に14で製作したベニヤをボンドで接着。こうする事で簡単に昔の家具らしさが強調されるのでおすすめ。

16 蝶番の取り付け
扉の裏面、ベニヤ部分をノミや彫刻刀でけずり、ビスで固定する。(P98参照)

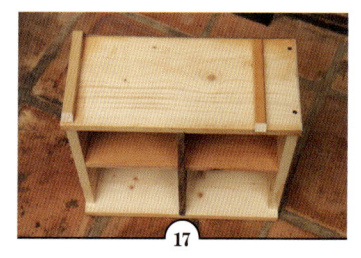

17 Ⓔ飾り材の取り付け
天面のビスで固定した部分をⒺ飾り材で隠す。ボンドで接着後、さび釘で補強すると良い。

18 扉を取り付ける
扉を本体に取り付け、角をカンナなどで丸め、サンダーなどでささくれなどを奇麗にならしたら完成。

アンリロ

栃木県鹿沼市上材木町1684
http://www.an-riz-leau.org/
㊗〈月〜土〉11:30〜20:00
　〈日〉11:30〜16:00 (L.O)
㊡ 第1・第3火曜

カフェ案内

アンリロ

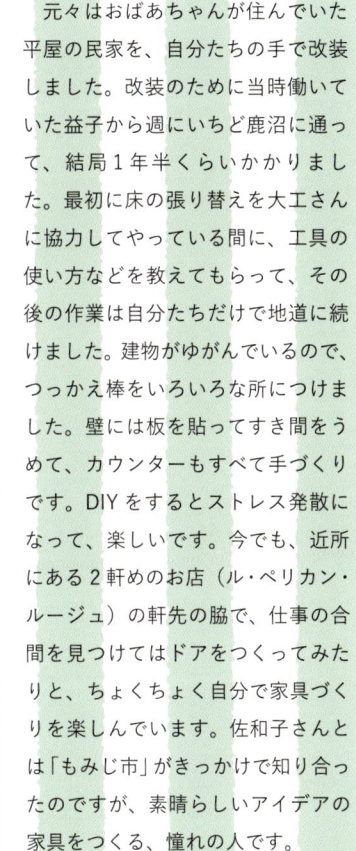

　元々はおばあちゃんが住んでいた平屋の民家を、自分たちの手で改装しました。改装のために当時働いていた益子から週にいちど鹿沼に通って、結局1年半くらいかかりました。最初に床の張り替えを大工さんに協力してやっている間に、工具の使い方などを教えてもらって、その後の作業は自分たちだけで地道に続けました。建物がゆがんでいるので、つっかえ棒をいろいろな所につけました。壁には板を貼ってすき間をうめて、カウンターもすべて手づくりです。DIYをするとストレス発散になって、楽しいです。今でも、近所にある2軒めのお店（ル・ペリカン・ルージュ）の軒先の脇で、仕事の合間を見つけてはドアをつくってみたりと、ちょくちょく自分で家具づくりを楽しんでいます。佐和子さんとは「もみじ市」がきっかけで知り合ったのですが、素晴らしいアイデアの家具をつくる、憧れの人です。
（アンリロオーナー・上村真巳さん）

①**手づくりのカウンターの小窓**：上村さん自作の小窓です。四角の窓枠をつくって、両側を角材でガラスを挟むように固定しています。②**大きな窓も手づくり**：1で紹介した小窓と同じ作り方で、大きな窓も自分たちで手づくり。陽光がたくさん入り込みます。③**雰囲気のあるテーブル**：テーブルや家具はリサイクルショップや幼稚園、小学校で手に入れたものに、手を加えて使っています。④**張り替えた床**：畳をはがして杉板に張り替え。墨汁を塗って仕上げてあり、擦れたところが"いいかんじ"に。⑤**ニンジンフライ**：初めて食べた人は必ず驚く、一番人気のメニュー。野菜とは思えない濃厚な風味は、新鮮な感動を呼び起こします。⑥**カウンターの壁**：カウンターの小窓の上の壁も手づくり。壁に板を貼って、すき間を埋めています。⑦**オーナーの上村真巳さん**：丸林さんちを"DIYの達人"として尊敬する上村さん自身も、かなりDIYスピリットが溢れています。⑧**自分で取りつけた壁のシェルフ**：レンガ風の壁に自分で棚を取りつけました。簡単で便利なので、作り方をP88で紹介しています。

憧れのお店の家具を手づくり④

日光珈琲 朱雀の
天板が開く、学習机

製作時間：2日　予算：6000円

友人と日光珈琲の朱雀さんを訪れたとき、この机を見て、友人がかわいいって言っていたんです。天板つきの学習机って、かわいくて懐かしくて、大人でも惹かれる不思議な魅力があります。（佐）

日光珈琲 朱雀の家具

佐和子さんがつくった家具

【材料】

Ⓐ脚：赤松（厚38×幅38×長630）×4本　Ⓑ脚側面：赤松（厚38×幅38×長235）×2本　Ⓒ脚の補強：赤松（厚38×幅38×長990）×2本　Ⓓ前・裏板：レッドシダー（厚17.5×幅120×長1066）×2枚　Ⓔ側板：レッドシダー（厚17.5×幅120×長235）×2枚　Ⓕ仕切り板：赤松（厚28×幅100×長311）×1本　Ⓖ補強角材：赤松（厚15×幅24×長235）×4本　Ⓗ天板（奥）：レッドシダー（厚17.5×幅89×長1070）×1枚　Ⓘ底板の押さえ（手前と奥）：米松（厚12×幅12×長約984）×2本　Ⓙ底板の押さえ（側面）：米松（厚12×幅12×長約287）×2本　Ⓚ底板：シナベニヤ（厚4×幅約309×長約982）×1枚　Ⓛ天板（手前と奥）：レッドシダー（厚17.5×幅140×長533）×4枚　Ⓜ天板の補強：アガチス（厚17×幅17×長220）×4本　＊寸法に約がついている箇所は現物合わせ

【道具・その他材料】　ボンド／オイルステイン／ワックス／クギ／ビス／ダボ

作り方

1. 脚の製作
Ⓐ脚の間にⒼ補強角材2本をⒺ側板の幅に合わせてボンドで接着。ハタガネでしめる。

2. Ⓐ脚にⒷ脚側面をつける
Ⓑ脚側面の木口にボンドを塗り、ハタガネで固定する。

3. Ⓔ側板を貼る
Ⓔ側板をⒼ補強角材にボンドで接着する。

4. Ⓖ補強角材とⒺ側板を固定する
Ⓐ脚側からⒼ補強角材が接合する箇所と、Ⓔ側板ともに接合する箇所にビスを打ち、ダボで隠す。

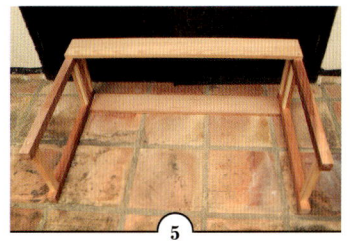

5. 前・裏板をビスで留める
Ⓓ前・裏板をⒶ脚の外側にボンドで接着し、乾いたらビスを打ってダボで隠す。

6. ⒤Ⓙ底板の押さえをクギで打つ
Ⓓ前・裏板に⒤Ⓙ底板の押さえをボンドで貼り、クギで打って固定する。

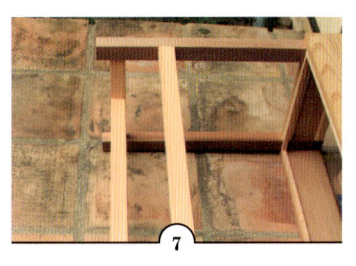

7. 脚の補強をつける
2で製作した両側面の脚に、Ⓒ脚の補強をわたす。ボンドで接着し、乾いたらビスを打ってダボで隠す。

8. 天板の裏にⓂ角材を2本接着
天板の反りをなくすため、Ⓛ天板（手前と奥）の裏に角材2本をクギで固定する。天板が閉まるように角材を貼る位置を確認する事。

9. Ⓚ底板を接着
⒤底板の押さえにボンドを塗り、上にⓀ底板を乗せる。

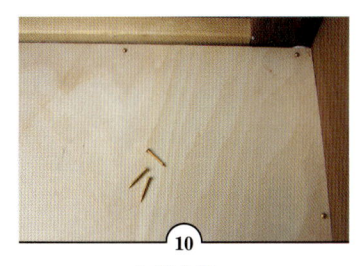

10. クギを打つ
ボンドが乾いたら、クギを打って固定する。

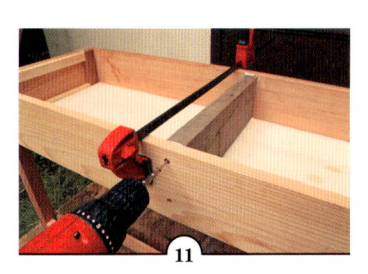

11. Ⓕ仕切り板をつける
Ⓕ仕切り板の木口にボンドを塗り、机の中央にわたしてハタガネで固定。仕切り板の位置は8のⓁ天板（手前と奥）と合わせ、調節する事。

12. Ⓗ天板（奥）をつける
Ⓗ天板（奥）にボンドを塗り、ハタガネで固定。ボンドが乾いたら、クギを打って完成！
※天板ははめ込み式です。

カフェ案内

日光珈琲 朱雀

珈琲豆を置いている棚も手づくり。内装もできるだけ自分たちで手を入れます。

①**店内のテーブル**：店内のテーブルや椅子はできるだけお金をかけずに集めて、自分たちで修理して使っています。　②**年期が感じられる天井**：天井は梁がむき出しで、古民家の趣きが感じられます。　③**自分たちで塗った漆喰の壁**：漆喰の材料は、古くから土蔵や外壁の建材として使われる、大谷石という宇都宮市の北西部で採れる石材を使用。　④**小さな裏庭**：カフェの奥には小さな裏庭が。灯籠や爽やかな緑が、お店に彩りを添えます。　⑤**板張りの床**：床はもともとあった畳を外して、板張りに。茶色の風合いが天井の色とマッチングしています。　⑥**水出しアイスコーヒー**：一番人気は、自家焙煎の水出しアイスコーヒー。テイクアウトもできます。

店名は、お店が鹿沼今宮神社からまっすぐ南に位置するので、南方を守護する神＝朱雀から名前をとりました。参道を歩いている人が、気軽にコーヒーをテイクアウトできるようなお店がコンセプトです。お店をはじめたきっかけは、元々10年くらい空き家だった古い民家が、目の前に新しく物産館、「まちの駅」ができてみすぼらしいから取り壊すという話があり、行政が神社の参道を賑わせるために、この場所を自由に使ってくれ、というところから始まりました。「それじゃあ、鹿沼の街の活性化のためにお店をやろう」と思い立って、カフェを2012年の夏に始めました。お店をつくったら、前にきちんと舗装された道路をつくってくれました（笑）。地元の人と観光客が一緒に溶け込めるような、"自分たちが考えるコミュニティカフェ"を目指しています。内装もできるだけお金をかけずに、「あるもので、できるだけ楽しむ」をモットーに自分たちで手がけました。

（日光珈琲オーナー・風間教司さん）

日光珈琲 朱雀
栃木県鹿沼市麻苧町1631
営 10:00-18:00（L.O）
休 月・第3火曜

まちなか事ム所：右奥には、「鹿沼市観光物産協会まちなか事ム所」のスペースが。

古民家：店舗は明治33年築の古民家を少し改装したもの。東日本大震災の大きな揺れにも耐えました。

日光珈琲オーナーの風間教司さん：地元鹿沼出身の風間さん。鹿沼にもう1軒と日光にお店を構えています。

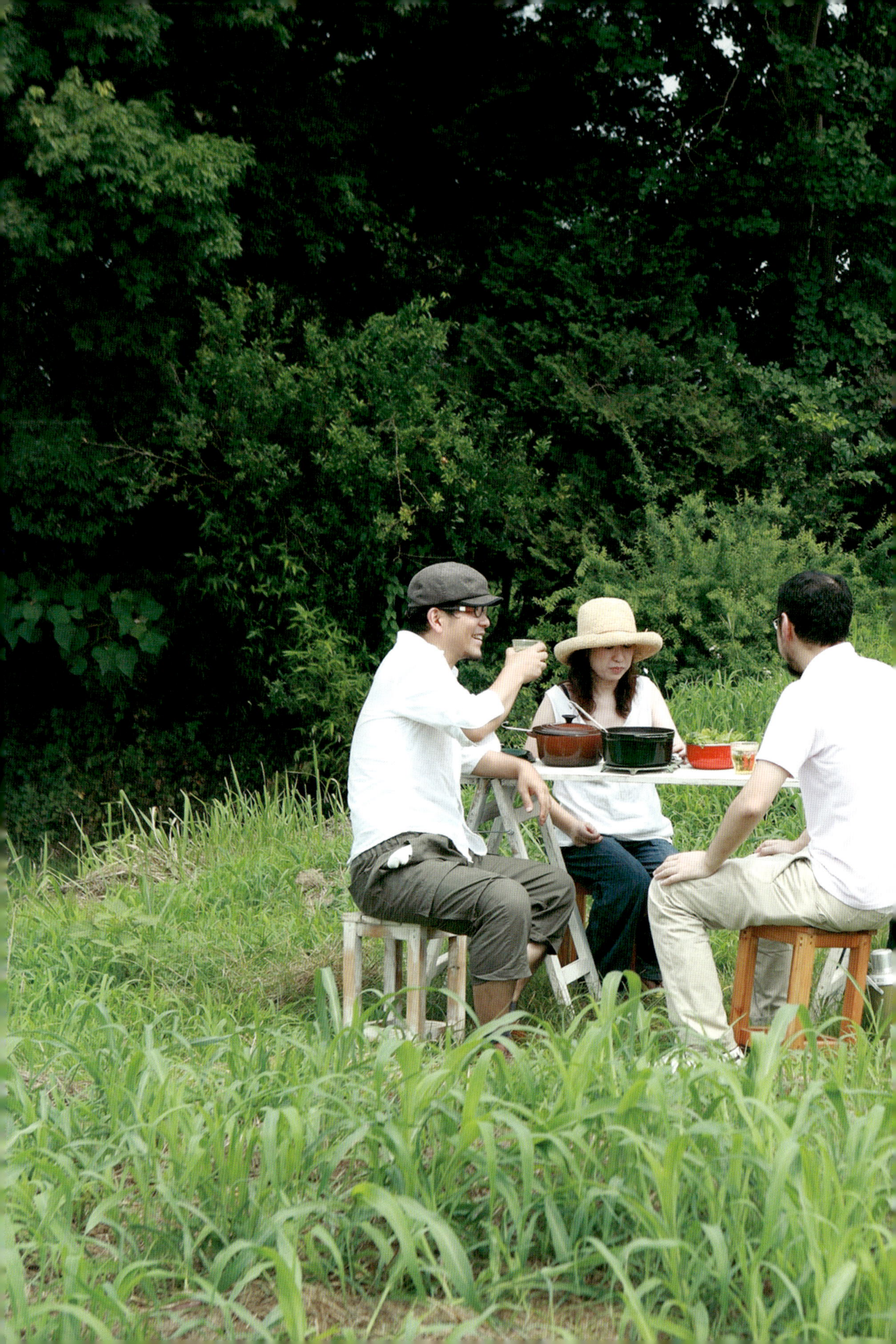

CHAPTER
4

丸林さんちの家具づくりレシピ

簡単黒板
簡単シェルフ
踏み台
マガジンラック
壁にいろいろ棚
持ち運べる机
飾りラダー
3段ブックシェルフ
パタパタげた箱
ワードローブ
引き出し16杯の棚

ビスを使わない
簡単黒板

製作時間：3時間
予算：1500円

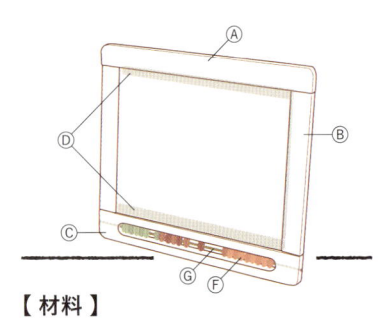

【材料】
Ⓐ木枠（上部）：赤松（厚12×幅28×長305）×1枚
Ⓑ木枠（側面）：赤松（厚12×幅28×長200）×2本
Ⓒ木枠（側面）：米松（厚12×幅43×長305）×1枚
Ⓓベニヤの押さえ：SPF（厚4×幅10×長約247）×2本　Ⓔ黒板：シナベニヤ（厚4×幅約247×長約198）×1枚　Ⓕウッドビーズ：（厚7×直径16）×22個
Ⓖ真鍮棒：（直径4×長305）×1本　＊寸法に約がついている箇所は現物合わせ

【道具・その他材料】
ボンド / オイルステイン / ワックス / 黒板スプレー

ここで紹介したいのは、吹きつけるだけで黒板ができる黒板スプレーと、くり抜きの簡単なやり方です。そろばん穴の直線は、ドリルで順に穴をあけて残った部分をけずるだけ。強度も必要ないので、クギやビスを使わず、ボンドで接着しています。とても簡単にカフェにあるような、そろばんつきの黒板がつくれます。（佐）

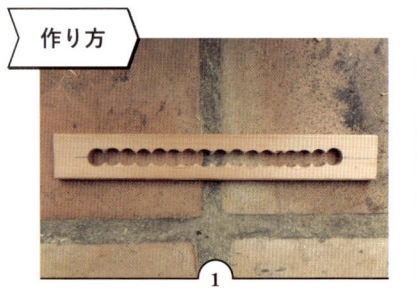

作り方

1　Ⓒ木枠（側面）にドリルで穴をあける
Ⓒ木枠（側面）にそろばんを通す穴をドリルであける。ドリルでひとつひとつ順にあけていくと、真っ直ぐにあけられる。

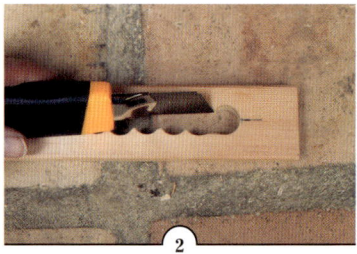

2　カッターで直線にととのえる
穴の間に残った木材をカッターでけずって、ヤスリでならす。

3　棒を通す穴をあける
Ⓖ真鍮棒を通す穴（直径4mm）をドリルであける。

4　ベニヤに黒板スプレーを吹く
Ⓔシナベニヤの下に新聞紙などを敷き、黒板スプレーをまんべんなく吹き付ける。

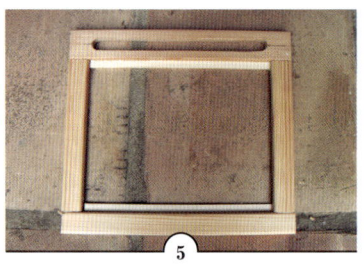

5　木枠をボンドで接着
ⒶⒷⒸ木枠をボンドで接着し、ボンドが乾いたら、Ⓓベニヤの押さえもボンドで接着する。

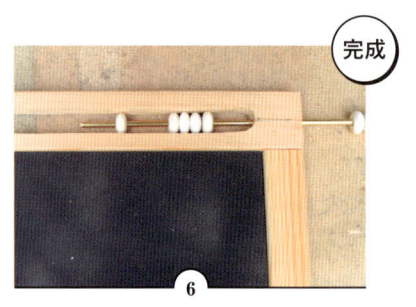

6　ウッドビーズ（そろばんビーズ）を通す　【完成】
塗装したⒺシナベニヤをボンドで接着し固定。写真のように3であけた穴にⒼ真鍮棒を通し、Ⓕウッドビーズを差し込む。ボンドを真鍮棒の両先端に塗り、固定して完成。

壁にひっかける
簡単シェルフ

製作時間：2時間
予算：1000円

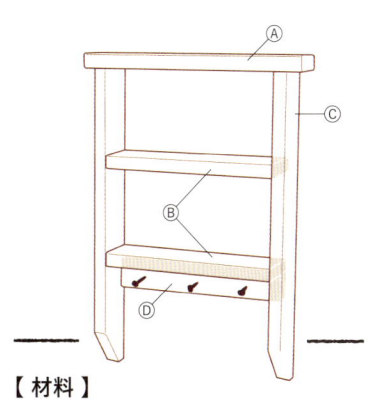

超初心者でもつくれるので、一番最初につくる棚としておすすめです。通常は三角吊りカンを側板に取り付けて壁に固定しますが、今回はクギ1本を打ちつけて、ひっかけるだけの簡単な方法を紹介します。特徴はアイアンネイル。ボコボコした形にぬくもりがあって、味があります。（聡）

【材料】

- Ⓐ天板：SPF（厚19×幅64×長300）×1枚
- Ⓑ横板：SPF（厚19×幅64×長230）×2枚
- Ⓒ側板：SPF（厚19×幅64×長400）×2枚
- Ⓓ横材：赤松（厚15×幅38×長230）×1枚

【道具・その他材料】

ボンド / バターミルクペイント / クギ / アイアンネイル

作り方

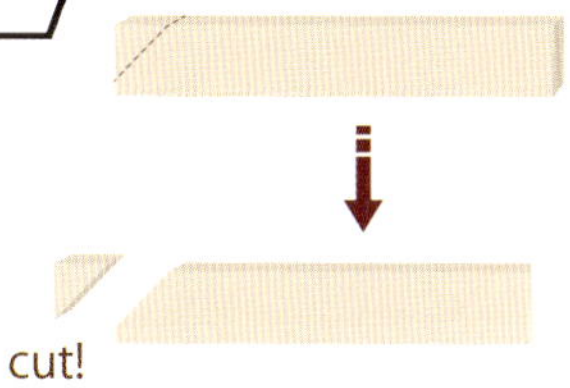

1 Ⓒ側板を斜めにカット
Ⓒ側板2枚を45度に斜めカットする。

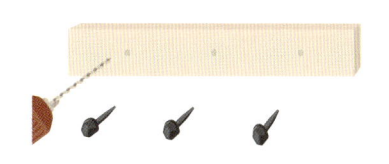

2 Ⓓ横材にアイアンネイルを打つ
Ⓓ横材に下穴をあけ、アイアンネイルを打ち込む。さび釘でも可。

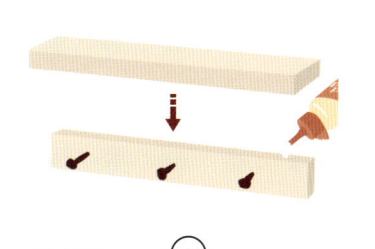

3 Ⓑ横板をボンドで接着
2で製作したⒹ横材に、Ⓑ横板をボンドで接着する。

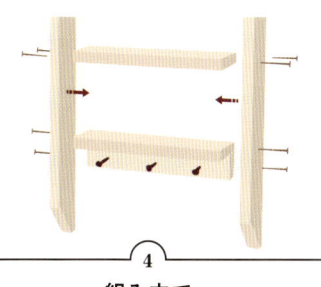

4 組み立て
1・3で製作したⒸ側板とⒷ横板をボンドで接着する。より強度を出したい場合は、ドリルで下穴をあけクギで補強する。

5 組み立て　完成
最後にⒶ天板を接着し、クギで補強（任意）したら完成。

簡単、こだわりの 踏み台

製作時間：3時間
予算：3500円

主婦の方からニーズが多い踏み台です。キッチンの高い位置に収納棚があって、中のものを取り出すのに踏み台があると便利です。こだわりは、踏み板の部分に輸入の古材を使っていること。普通の板とは味わいが全然違ってきます。見える所にはこだわるのが、丸林さんち流です。（聡）

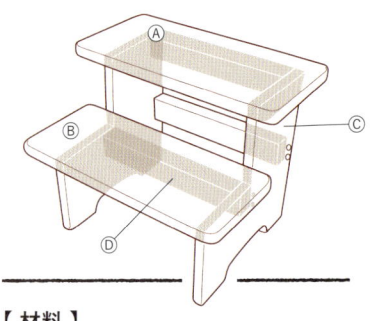

【材料】
Ⓐ踏み板：古材（厚21×幅195×長400）×1枚
Ⓑ踏み板：古材（厚21×幅170×長400）×1枚
Ⓒ側板：SPF（厚19×幅286×長300）×2枚
Ⓓ補強用角材：赤松（厚30×幅45×長280）×3本

【道具・その他材料】
ボンド / ワックス / バターミルクペイント /
クギ / ビス / 太鼓鋲

作り方

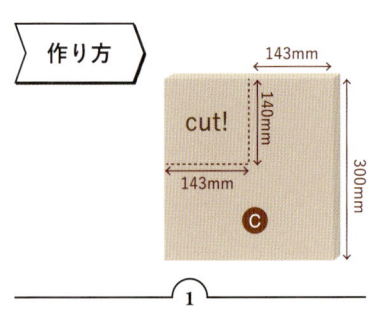

1　Ⓒ側板をカット
図のようにⒸ側板2枚をカットする。

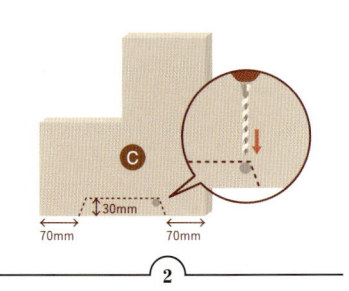

（143mm、140mm、143mm、300mm）

2　Ⓒ側板下部に墨入れ
図のようにⒸ側板2枚に墨入れをし、ジグソーの刃が入る10mm程度の穴を一カ所あける。

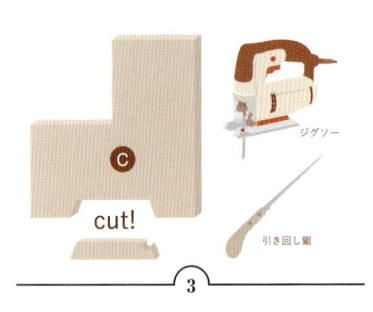

（70mm、30mm、70mm）

3　Ⓒ側板下部をジグソーでカット
図のようにⒸ側板下部をジグソーでカット。引き回し鋸と呼ばれるノコギリを使えば、手動でも切れる。

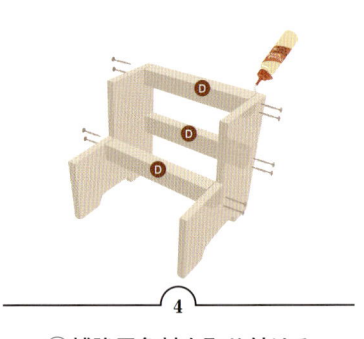

4　Ⓓ補強用角材を取り付ける
Ⓓ補強用角材3本を3で製作したⒸ側板にボンドで取り付ける。Ⓒ側板に下穴をあけ、ビスで固定する。

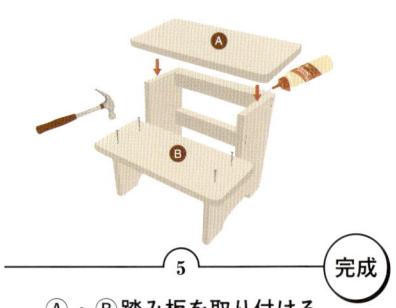

5　Ⓐ・Ⓑ踏み板を取り付ける　完成
Ⓐ・Ⓑ踏み板をボンドで接着し、クギで補強する。塗装が終了したら、太鼓鋲でビス部分を隠す。（P37参照）

【 カラーボックスに扉をつけた 】

マガジンラック

製作時間：4時間　予算：3200円

カラーボックスに扉をつけるだけで、マガジンラックに変化します。雑誌や本を表に出して見せると、素敵なインテリアになって、棚の中には色々なものを入れて目隠しにもなります。箱からカラーボックス、マガジンラックへと、少しずつディテールを足していくだけで、家具はどんどん変化させることができます。（佐）

カラーボックスの応用 P22 参照

【 材料 】

Ⓐ天板・台座：SPF（厚19×幅286×長320）×2枚　Ⓑ中板：SPF（厚19×幅286×長282）×2枚　Ⓒ側板：SPF（厚19×幅286×長870）×2枚　Ⓓ背板：シナベニヤ（厚4×幅約320×長約908）×1枚　Ⓔ扉：パイン集成材（厚19×幅278×長285）×3枚　Ⓕシェルフ幕板：米松（厚12×幅43×長278）×3枚　Ⓖシェルフ底板：米松（厚12×幅28×長278）×3枚

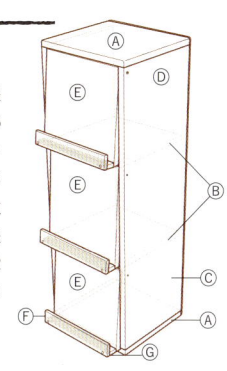

【 道具・その他材料 】

ボンド / オイルステイン / ワックス / バターミルクペイント / ビス / ダボ

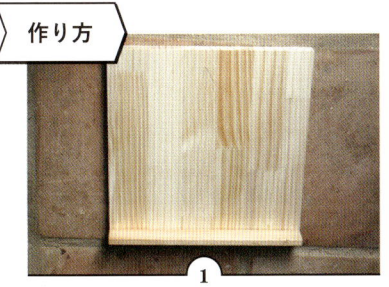

作り方

1. Ⓔ扉にⒼシェルフ底板をつける
Ⓔ扉にⒼシェルフ底板をボンドで接着する。

2. 扉裏側から穴をあける
Ⓔ扉の裏側から、直径6mm、深さ3mm程度の穴をドリルであけておく。

3. Ⓖシェルフ底板をビスで留める
Ⓖシェルフ底板をビスで留める。扉の裏側にビスの頭が飛び出さないようにする。

4. Ⓕシェルフ幕板をボンドで接着する
Ⓖシェルフ底板にⒻシェルフ幕板をボンドで接着する。

5. ビスを打ってダボで隠す
ボンドが乾いたら、Ⓕシェルフ幕板の両端にビスを打ってダボで隠す。

6. 扉を取り付ける 完成
Ⓒ側板にドリルで穴をあけ、ビスを打つ。開閉のためドリル穴はビスよりも大きくする。

壁にいろいろ棚

製作時間：① 30分 / ② 3時間 / ③ 3時間
予算：① 2000円（棚受け含む） / ② 2000円 / ③ 2500円

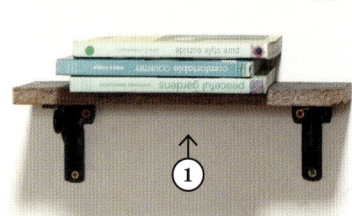

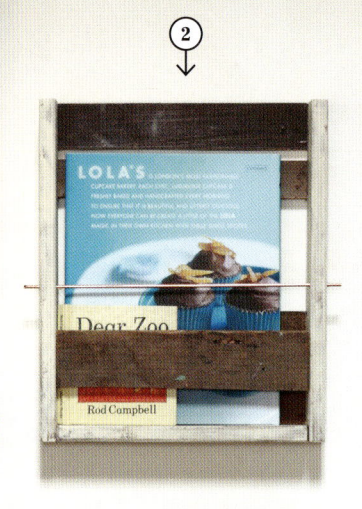

写真左の棚はアンリロ（P77）さんにあったもので、右の文庫棚はkousha（P69）さんに置いてあったものです。同じ本棚でも形違いで壁に取りつけると、お部屋のアクセントになります。憧れカフェのインテリアを自宅用に応用してみました。ここでは、古材を使っていますが、お部屋の雰囲気に合わせて木材は好みのものを選んでみて下さい。（佐）

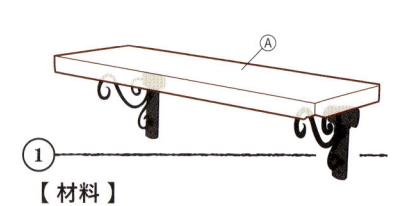

①

【 材料 】
Ⓐ棚板：古材（厚15 ×幅110 ×長295）×1枚

【 道具・その他材料 】
ワックス / ビス / アイアンの棚受け×2個

②

【 材料 】
Ⓐ側板：赤松（厚15 ×幅45 ×長305）×2枚
Ⓑ底板：赤松（厚15 ×幅45 ×長230）×1枚
Ⓒ背板：古材（厚8 ×幅34 ×長230）×1枚
Ⓓ背板：古材（厚10 ×幅40 ×長230）×1枚
Ⓔ背板：古材（厚8 ×幅100 ×長230）×1枚
Ⓕ前板：古材（厚9 ×幅50 ×長230）×1枚

【 道具・その他材料 】
ボンド / ワックス / バターミルクペイント / クギ / 胴管（直径3mm）

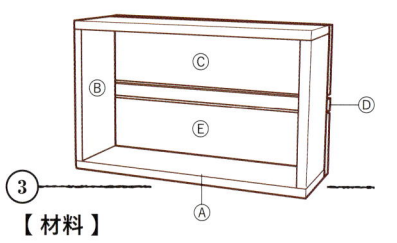

③

【 材料 】
Ⓐ木枠（天地）：
　杉の端材（厚13 ×幅90 ×長305）×2枚
Ⓑ木枠（側板）：
　杉の端材（厚13 ×幅90 ×長163）×2枚
Ⓒ背板：古材（厚7 ×幅85 ×長305）×1枚
Ⓓ背板：古材（厚10 ×幅15 ×長305）×1枚
Ⓔ背板：古材（厚7 ×幅80 ×長305）×1枚

【 道具・その他材料 】
ボンド / ワックス / クギ

作り方②

1. 木材にあらかじめ色を塗る
組み立てる前にあらかじめ木材には色を塗っておく。

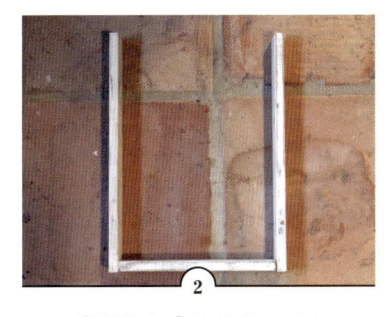

2. Ⓐ側板とⒷ底板をつける
Ⓐ側板とⒷ底板をボンドで接着する。ボンドが乾いたらⒷ底板をクギで固定する。

3. ⒸⒹⒺ背板をつける
ⒸⒹⒺ背板をボンドで接着する。ボンドが乾いたらクギで固定する。

4. Ⓕ前板をつける
Ⓕ前板をボンドで接着する。ボンドが乾いたら側面からクギで固定する。

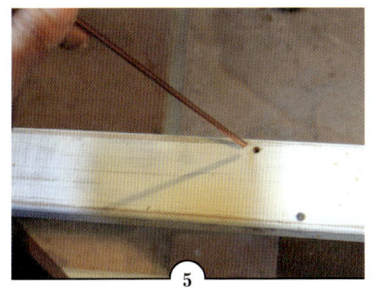

5. 銅管を通す穴をあける
Ⓐ側板に銅管を通す穴をあける。現物合わせで真っ直ぐになるよう、調整する。

6. 銅管を接着剤で留める（完成）
金属用の接着剤で銅管を留める。

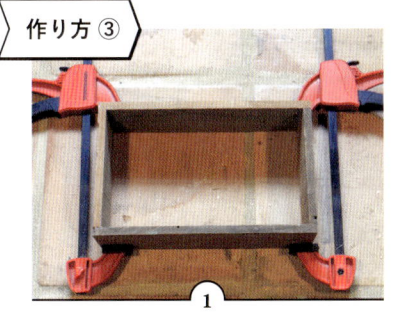

作り方③

1. 木枠をつくる
ⒶⒷ木枠をボンドで接着し、ハタガネで固定する。

2. クギを打つ
ボンドが乾いたら、クギを打つ。

3. ⒸⒹⒺ背板をつける
ⒸⒹⒺ背板をボンドで接着。ここでは質感の違う古材を3枚使用しているが、一枚板でもよい。

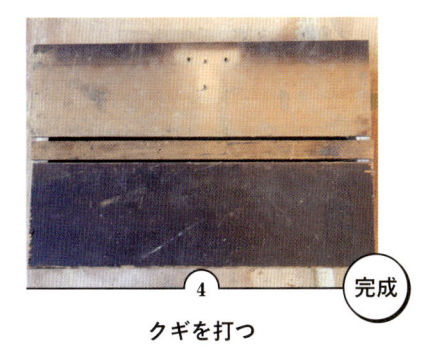

4. クギを打つ（完成）
ボンドが乾いたら、すべての背板にクギを打って完成。

3つの棚をそれぞれ斜めからみた状態。

すのこの
応用
P34参照

【 アウトドアで大活躍!! 持ち運べる机 】

製作時間：1日
予算：5000円

大きいサイズの机は、つくり込んでしまうと、重たくなって移動ができなくなります。これは軽くて簡単にたたんで持ち運べるので、本当に便利です。ちょっとした物を乗せておく台にもなるし、屋内でも屋外でも、どこでも使えます。すのこの応用編で作り方も簡単です。脚もボンドで接着してビスで固定するというレベルなので、ハードルは高くない。難しく見えますが、見た目よりずっと簡単なので、是非つくってみて下さい。（佐）

【 材料 】
Ⓐ脚（縦）：プレーナー加工材（厚28×幅45×長805）×8本
Ⓑ脚（横）：プレーナー加工材（厚28×幅45×長210）×8本
Ⓒすのこ天板：SPF（厚19×幅64×長1500）×5枚
Ⓓすのこ裏板：SPF（厚19×幅64×長320）×4枚

【 道具・その他材料 】
ボンド / バターミルクペイント / クギ / ビス / ダボ / 蝶番38mm / 固定用引っかけ金物2セット（長さ約150mm）

作り方

1 脚の製作
Ⓐ・Ⓑ脚を接着し、これを4セット製作。

脚を折りたためば、ひとりで持ち運びができる。写真の車は初の新車、「miniクロスオーバー」

2 ビスで補強
脚の接着が乾いたら、ダボ隠し用の穴をあけ、ビスで固定。ダボをはめ込み、カットする。(P49参照)

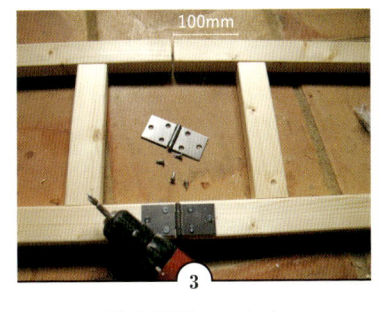

3 脚を蝶番でつなぐ
2で製作した脚を蝶番でつなぐ。2セット製作。

4 引っかけ金物の取り付け①
引っ掛け用のヒートンはねじ込みが固いので下穴をあけておくと取り付けやすい。

5 引っかけ金物の取り付け②
引っかけ金物を取り付ける事で、脚が固定される。金物を外せばたためるので便利。

6 Ⓒすのこ天板の製作
Ⓒすのこ天板用の板を5枚並べ、Ⓓすのこ裏板を両サイドに接着。乾いたらビスで固定する。
＊見えない箇所にダボ隠しは不要。

7 脚にすのこ天板を設置　完成
脚にすのこ天板を設置して完成。

人気のインテリア家具
飾りラダー

製作時間：1日
予算：4500円

飾りラダーも人気のインテリア家具です。室内でもガーデン用でも使えるので、以前からつくってみたいと思っていました。すのこの応用で、女性でも気軽につくれるような簡単な作り方を考えました。あくまで軽いものを置いて飾るタイプのものなので、脚立みたいに踏み板に人は乗らないでほしいのですが（笑）。机と違って両脚の長さが少々違っても立ちます。初心者でも簡単につくれますよ。（佐）

【 材料 】

- Ⓐ脚：赤松（厚30×幅45×長1195）×4本
- Ⓑ脚（手前の横材）：
  赤松（厚30×幅45×長315）×1本
- Ⓒ踏み板：SPF（厚19×幅89×長315）×2枚
- Ⓓ脚（奥の横材）：
  赤松（厚30×幅45×長253）×3本
- Ⓔすのこ：赤松（厚15×幅45×長450）×5枚
- Ⓕすのこの押さえ：
  米松（厚16×幅16×長250）×2本
- Ⓖボルト（頭無し）：（直径8×長405）×1本
- Ⓗ蝶ナット：2セット

※ボルトのカットはネジ部分が壊れやすいので
ホームセンターでカットしてもらう事をお勧めします。

【 道具・その他材料 】 ボンド / オイルステイン / ワックス / クギ / ビス / ダボ

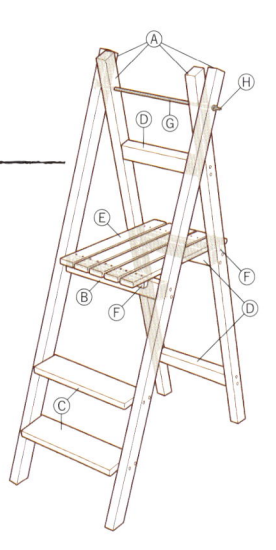

作り方

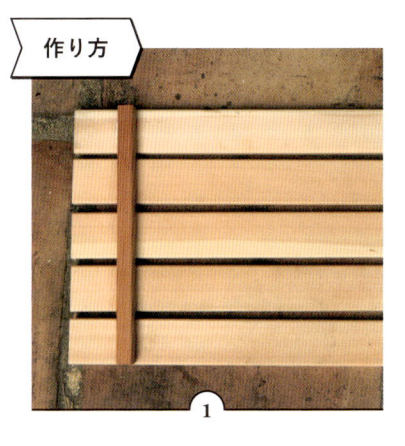

1 すのこをつくる

Ⓔすのこ Ⓕすのこの押さえを接着し、乾いたらクギで固定する。

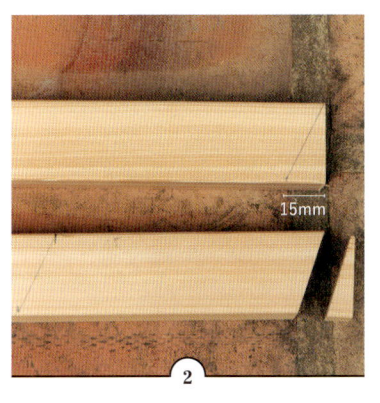

2 4本のⒶ脚の端を斜めにカット

4本のⒶ脚の片側（地面に着くほう）を写真のサイズでカットする。

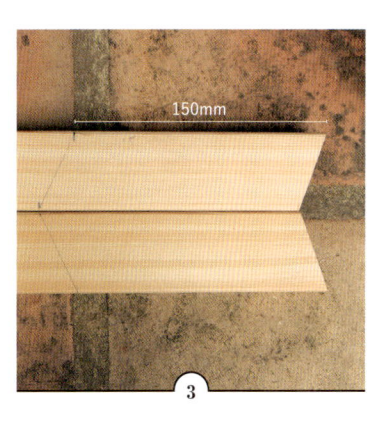

3 Ⓒ踏み板の印をつける

Ⓐ脚にⒷ脚（手前の横材）、Ⓒ踏み板、Ⓓ脚（奥の横材）をつける位置の印をつける（位置は5の写真を参照）。

4 Ⓒ踏み板を仮留めする

Ⓐ脚の印をつけた箇所にⒸ踏み板をボンドで接着する。乾いたらビスを打ってダボで隠す。

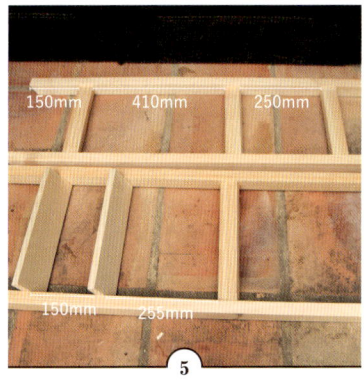

5 両脚をつくる

Ⓐ脚にⒷ脚（手前の横材）、Ⓓ脚（奥の横材）をボンドで接着し、ボンドが乾いたらビスで固定。ダボで隠す。

6 ボルトを通す穴をあける

4本のⒶ脚にⒼボルトを通す穴をあける。ボルト穴の位置は上から90mm。

7 ボルトを両脚に通す

ボルトはホームセンターでカットしてもらう事。自分で切ると、ネジ山が潰れて留まらなくなる事があります。

8 Ⓗ蝶ナットをしめて完成！

Ⓗ蝶ナットをしめれば完成！

みせる本棚
3段ブックシェルフ

製作時間：2日
予算：8000円

人気のある定番の形の本棚です。洋書を見ていると、子供部屋によくこういった形の本棚があるので、いつかつくってみたいと思っていたもののひとつでした。本を見せながら、収納できるのが魅力的。下の棚にも収納できて、子供部屋ならおもちゃ箱、お母さんが使うなら裁縫箱を置いたりと、使い勝手のいい形ですよね。シンプルかつ主張しないデザインなので、おすすめです。金具を一切使っていないので、材料費も安いです。作り方自体は簡単ですが、側板が大きいので支えてもらって、ふたりでつくるといいかもしれませんね。（佐）

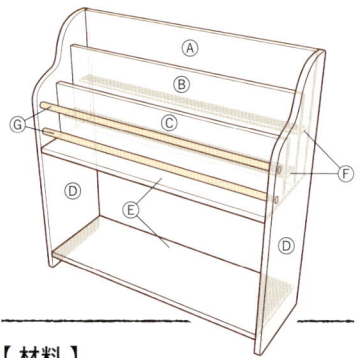

【材料】

Ⓐ 背板：パイン集成材
　（厚19 ×幅380 ×長800）× 1枚
Ⓑ 仕切り板：SPF
　（厚19 ×幅286 ×長800）× 1枚
Ⓒ 前板：SPF
　（厚19 ×幅184 ×長800）× 1枚
Ⓓ 側板：SPF
　（厚19 ×幅286 ×長850）× 2枚
Ⓔ 棚・底板：SPF
　（厚19 ×幅286 ×長800）× 2枚
Ⓕ 高さ調整板：SPF
　（厚19 ×幅64 ×長800）× 2枚
Ⓖ 丸棒：ラミン（直径21 ×長845）× 2本

【道具・その他材料】

ボンド / オイルステイン /
バターミルクペイント / クギ / ビス / ダボ

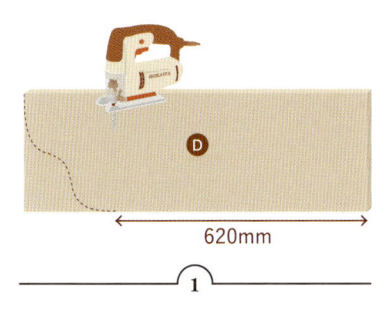

1
Ⓓ側板をジグソーでカット
Ⓓ側板2枚をジグソーで波形にカットする。

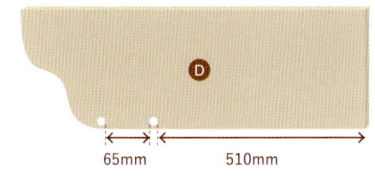

2
Ⓓ側板にドリルで穴をあける
Ⓓ側板2枚に直径21.5mm（規格サイズ）の穴をドリルであける。1枚は貫通させない事。

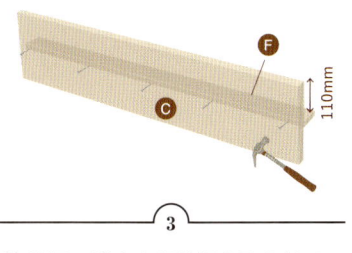

3
Ⓒ前板にⒻ高さ調整板を取り付ける
Ⓒ前板にボンドをつけ、Ⓕ高さ調整板を接着し、乾いたら下穴をあけてクギで補強する。

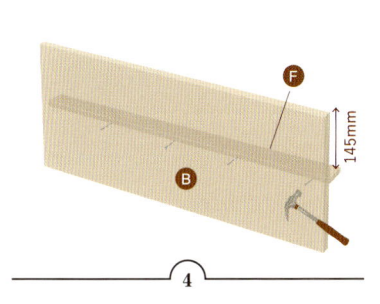

4
Ⓑ仕切り板にⒻ高さ調節板を取り付ける
Ⓑ仕切り板にボンドをつけ、Ⓕ高さ調整板を接着し、乾いたら下穴をあけてクギで補強する。

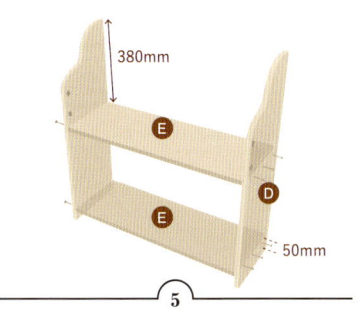

5
Ⓓ側板にⒺ棚・底板を取り付ける
Ⓓ側板にⒺ棚・底板を取り付ける。固定方法はボンドとダボ隠し。（P49参照）※ダボは完成後に入れる事。

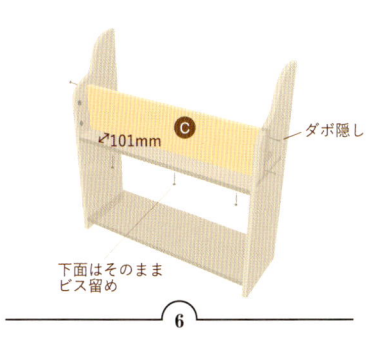

6
3で製作したⒸ前板を取り付ける
3で製作したⒸ前板をダボ隠し（側面のみ）で取り付ける。※ダボは完成後に入れる事。

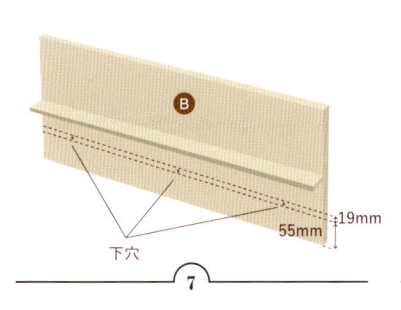

7
4で製作したⒷ板に下穴をあける
4で製作したⒷ仕切り板の裏面から下穴をあける。

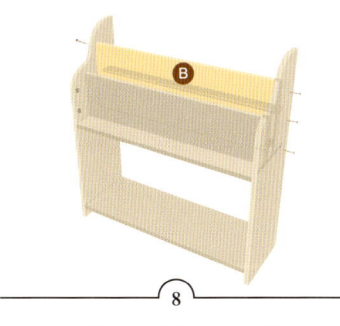

8
7で製作したⒷ板を取り付ける
7で製作したⒷ仕切り板を6の要領で取り付ける。裏面の下穴にビスを入れてⒻ材に固定する。

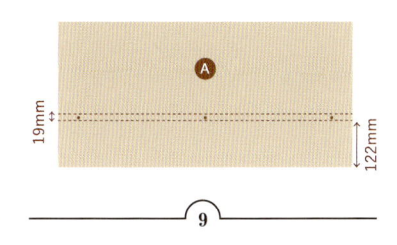

9
Ⓐ背板に下穴をあける
Ⓐ背板にドリルで下穴をあける。

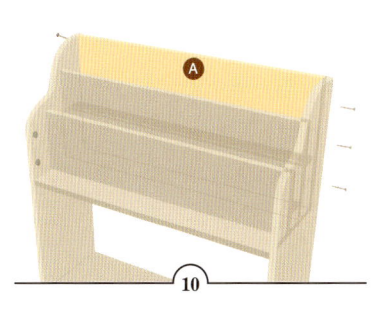

10
Ⓐ背板を取り付ける
Ⓐ背板を取り付ける。裏面の下穴にビスを入れてⒻ材に固定する。

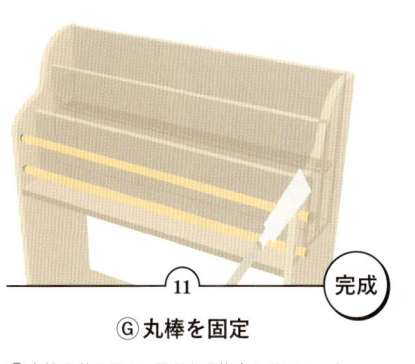

11
Ⓖ丸棒を固定
Ⓖ丸棒を差し込み、長さを現物合わせでカット。ボンドで固定する。

完成

カラーボックスの応用
P22 参照

作り方

1

反りの確認

幅の広い板材は反りがあるので、購入の際によく確認する。今回は反った板材でもつくれる方法をご紹介。

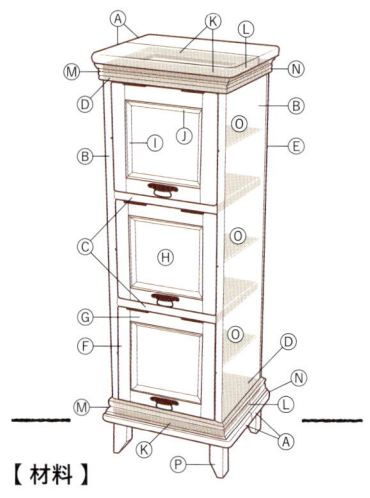

【 材料 】

Ⓐ天板・台座：杉（厚24×幅155×長370）×4枚　Ⓑ側板：SPF（厚19×幅286×長848）×2枚　Ⓒ中板：SPF（厚19×幅286×長282）×2枚　Ⓓ天地の板：SPF（厚19×幅286×長320）×2枚　Ⓔ裏板：シナベニヤ（厚4×幅320×長886）×1枚

Ⓕ扉の木枠（左右）：赤松（厚19×幅38×長265）×6本　Ⓖ扉の木枠（上下）：赤松（厚19×幅38×長201）×6本　Ⓗ扉の板：シナベニヤ（厚4×幅約201×長約192）×3枚　Ⓘモールディング（左右）：（厚12×幅12×長192）×6本　Ⓙモールディング（上下）：（厚12×幅12×長約201）×6本　Ⓚモールディングの押さえ板：SPF（厚19×幅89×長320）×4枚　Ⓛモールディングの押さえ板：SPF（厚19×幅89×長106）×4枚　Ⓜモールディング正面：（厚15×幅35×長約360）×2本　Ⓝモールディング側面：（厚15×幅35×長約310）×4本　Ⓞ仕切り板（任意）：シナベニヤ（厚4×幅約288×長266）×3枚　Ⓟ脚：赤松（厚38×幅38×長90）×4本
＊寸法に約がついている箇所は現物合わせ

【 道具・その他材料 】

ボンド / オイルステイン / ワックス / バターミルクペイント / クギ / カクシ釘 / ビス / ダボ / 取っ手×3個 / 蝶番50ミリ×6枚

いろんな用途に使える
パタパタげた箱

製作時間：3日　予算：7500円

これはカラーボックスに脚と扉、モールディングをつけて高級感を出しています。箱がまずあって、そこに装飾を施していく。P87のマガジンラックもそうですが、家具はディテールを足していくと、どんどん大きいもの、かっこいいものに仕上がっていくという典型です。箱に少しずつ便利なもの、かっこよく見えるものを足して、素敵な家具をつくっていく。私たちはそれを考えることが得意です。簡単な箱から、段階を経て大きな家具もつくれるんだ！ という喜び。それが、本書で一番皆さんにお伝えしたいことです。（聡）

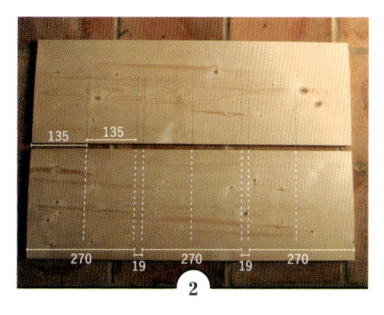

② 墨入れ

Ⓑ側板を用意し、上記のように墨入れを行う。1本の点線の箇所は下駄箱として仕切り用のベニヤをはめ込む溝になるので任意で行う。

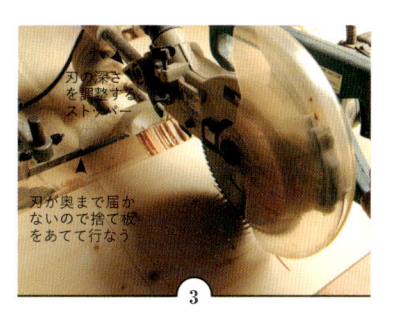

③ スライド丸ノコで溝を彫る

スライド丸ノコを持っている場合は、刃の深さを調整できるので簡単に溝が掘れる。2回に分けて5mm幅の溝を3カ所掘る。

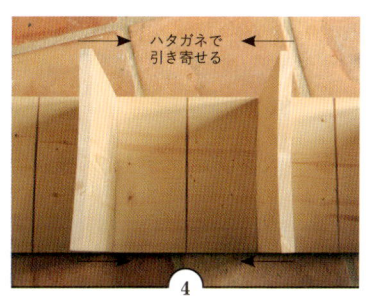

④ 反りを確認

Ⓒ中板をあてて反りを確認。組み立ての際に、ハタガネで引き寄せられるように上記のように配置するのがコツ。

⑤ 箱の組み立て①

Ⓑ・Ⓒ・Ⓓの板材を組み立てて箱を製作。ボンドで接着と同時にハタガネで締め付けながら、反りの微調整を行う。

⑥ 箱の組み立て②

ハタガネで調整後の状態。ボンドが乾く前にドリルで下穴をあけ、ビスで固定。これを繰り返して箱に仕上げていく。

⑦ Ⓔ裏板の取り付け

箱の完成。多少のずれはカンナやサンダーなどで微調整を行う事で解決。Ⓔ裏板はボンドとクギで取り付ける。

⑧ 裏板の調整

ベニヤは切り口がささくれ立つので、端をカンナやサンダーで丸くけずっておく。側面から見た時にベニヤの厚みが目立たなくなる効果もある。

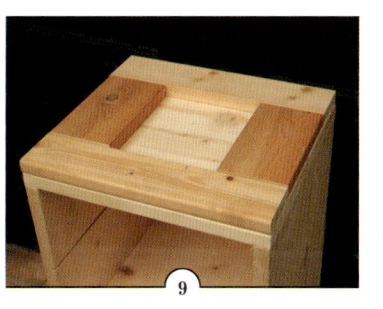

⑨ モールディングの押さえ板の取り付け

Ⓚ・Ⓛモールディングの押さえ板を天面・底面にそれぞれボンドで接着する。乾いたらビスで固定。

⑩ Ⓐ天板の取り付け

Ⓐ天板をボンドで接着。モールディングを取り付けるので、左右のはみ出しが25mmになるように調整。乾いたらクギで補強。

⑪ Ⓜモールディング正面の取り付け

モールディングを現物合わせで45度にカットし、接着する。ずれるとすき間が出来るので慎重に行う。Ⓐ天板は予め丸めておくと良い。

⑫ カクシ釘で補強

ボンドが乾いたらカクシ釘で補強。同様にⓃモールディングを現物合わせで両側面に取り付ける。

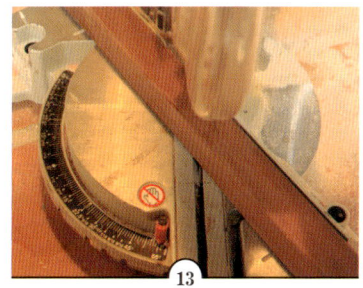

⑬ 脚を斜めにカット

Ⓟ脚を55度に斜めにカット。スライド丸ノコで斜めカットを行う場合は、危険なので初めに長い状態で行う事。

⑭ 脚のカット

脚を90mmの長さにカットする。最後に55度の先端部分を切りそろえる事で、ガタつきを防げる。

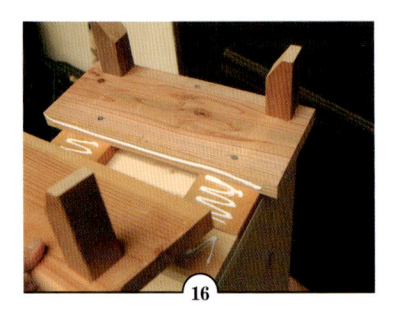

⑮ 脚の取り付け

脚をⒶ台座にボンドで接着する。乾いたら裏面からビスで補強する。正面は20mm内側にし、背面はフラットになるように固定する。

⑯ Ⓐ台座の取り付け

15で製作した台座を底面に接着する。乾いたらビスで固定。＊見えない箇所はダボ隠し不要。

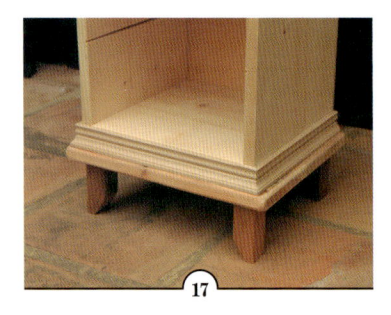

⑰ ⓂⓃモールディングの取り付けと補修作業

11、12で取り付けた要領でⒶ台座にⓂⓃモールディングを取り付ける。角をカンナなどで丸め、すき間が目立つ箇所は補修しておく。

⑱ 扉の木枠を制作

Ⓕ・Ⓖ扉の木枠を用意しダボでつなぐ（P50参照）。取り付け面を間違えやすいので注意。ダボは1カ所につき1本にすると歪みを補正しやすい。

⑲ ハタガネで締め付ける

ハタガネですき間がなくなるようにきつく締め付ける。ボンドがはみ出したらすぐにふき取る事。

⑳ Ⓘ・Ⓙモールディングの取り付け

Ⓘ・Ⓙモールディングを現物合わせで45度にカットし、木枠の内側に接着する。Ⓗ扉の板が裏面に入る事を考慮し、フラットになるよう調整する。

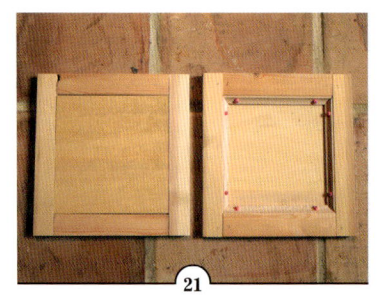

㉑ カクシ釘で補強しⒽ扉の板の取り付け

ボンドが乾いたらカクシ釘で補強する。Ⓗ扉の板を裏面にボンドで接着する。

㉒ Ⓗ扉の板をクギで補強

Ⓗ扉の板をクギで補強する。モールディングを突き抜けないように、クギを少し斜めに傾けて打ち付ける。短いクギはペンチなどで挟んで持つと作業しやすい。

㉓ 蝶番の彫り込み①

完成した各扉に蝶番を取り付ける。蝶番の位置を決めたら両面テープなどで仮固定し、3辺にカッターで切り込みを入れる。深さ2~3mm。

㉔ 蝶番の彫り込み②

ノミや彫刻刀などで2~3mmの深さに彫り込む。蝶番の構造はP43の7を参照。

㉕ 蝶番の取り付け 〔完成〕

蝶番をビスで取り付ける。本体箱部分への取り付けは彫り込みは不要なので、上下がぶつからないように位置合わせして完成。

【 一生モノの ワードローブ 】

製作時間：6日
予算：26000円

これくらいのサイズのワードローブはお店で買うと数十万円はします。手が出なかった憧れのアンティーク家具も、時間をかければ自分でつくれます。モールディングがついているので高級な家具に見えますが、使っている材料はそれほど高いものではありません。工程数と材料は多いですが、本のとおりに工程を追っていけば必ずつくれます。スライドレールがちょっと難しいくらいですね。製作は延べ6日程でした。僕も佐和子さんもそれぞれ仕事があるので、週末の土日を使って3週間くらいです。休日にコツコツつくるのが我が家の特徴です。(聡)

【 材料 】

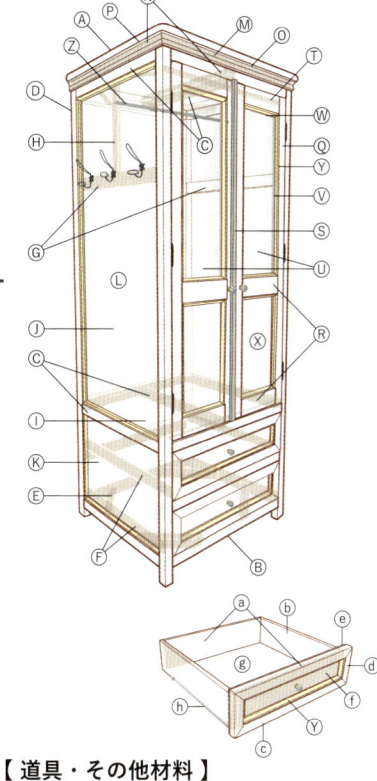

〔本体〕
Ⓐ天板：杉（厚24×幅210×長760）×3枚　Ⓑ本体枠（手前と奥）：赤松（厚38×幅38×長630）×8本　Ⓒ本体枠（側面と中央の補強）：赤松（厚38×幅38×長530）×8本　Ⓓ本体枠（縦）：赤松（厚38×幅38×長1800）×4本　Ⓔ補強角材：赤松（厚38×幅38×長215）×8本　Ⓕ引き出しレール用の板：米松（厚12×幅43×長530）×4枚　Ⓖ側面の補強材（横）：米松（厚12×幅43×長約530）×2枚　Ⓗ側面の補強材（縦）：米松（厚12×幅43×長300）×2枚　Ⓘ棚板：杉野地板（厚12×幅約178×約652）×3枚　Ⓙ側面板（上）：シナベニヤ（厚4×幅約530×長約1235）×2枚　Ⓚ側面板（下）：シナベニヤ（厚4×幅約530×長約395）×2枚　Ⓛ背板：シナベニヤ（厚4×幅約706×長約1740）×1枚　Ⓜモールディングの押さえ（手前と奥）：杉（厚36×幅36×長706）×2本　Ⓝモールディングの押さえ（側面）：杉（厚36×幅36×長534）×3本　Ⓞモールディング（正面）：（厚15×幅35×長約750）×1本　Ⓟモールディング（側面）：（厚15×幅35×長約600）×2本

〔扉〕
Ⓠ扉の木枠（縦）：プレーナー加工材（厚28×幅45×長1225）×4本　Ⓡ扉の木枠（横）：プレーナー加工材（厚28×幅70×長220）×6本　Ⓢモールディング（厚14×幅28×長1225）×1本　Ⓣ戸あたり：赤松（厚28×幅19×長630）×1本　Ⓤガラス：（厚2×幅213×長627）×2枚　Ⓥガラスの押さえ（縦）：アガチス（厚10×幅10×長約635）×4本　Ⓦガラスの押さえ（横）：アガチス（厚10×幅10×長約220）×4本　Ⓧ扉の板：シナベニヤ（厚4×幅約220×長380）×2枚　Ⓨモールディング（黄色のパーツ共通）：（厚15×幅15×長1820）×約11本　Ⓩ鉄製丸棒：（直径13×約650）×1本　木製でも可

〔引き出し〕
ⓐ引き出しの木枠（手前と奥）：SPF（厚19×幅140×長560）×4本　ⓑ引き出しの木枠（側面）：SPF（厚19×幅140×長560）×4本　ⓒ正面角材（横）：赤松（厚38×幅25×長623）×4本　ⓓ正面角材（縦）：赤松（厚38×幅25×長172）×4本　ⓔ正面板材（裏）：シナベニヤ（厚4×幅172×長約623）×1枚　ⓕ正面板材（表）：シナベニヤ（厚4×幅90×長540）×1枚　ⓖ引き出しの底板：シナベニヤ（厚4×幅約560×長約598）×1枚　ⓗスライドレール：（レール長さ450ミリ）×2セット　＊寸法に約がついている箇所は現物合わせ

【 道具・その他材料 】

ボンド／オイルステイン／ワックス／バターミルクペイント／クギ／カクシ釘／ビス／鉄鋼用ドリルオイル／ガラスの取っ手×4個／蝶番（65×15ミリ）×6個／ラッチ×2個

— 99 —

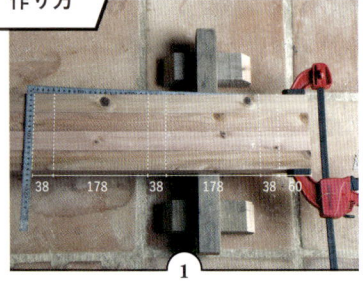

作り方

1. Ⓓ本体枠（縦）に墨付けを行う

上記のようにⒹ本体枠（縦）に墨付けを行う。4本を揃えてハタガネで固定して行うと手早くできる。

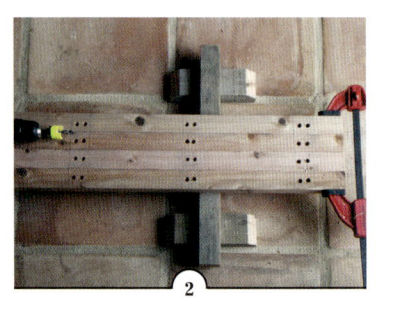

2. Ⓓ本体枠（縦）にⒷ本体枠をダボ加工①

墨付けしたⒹ本体枠にⒷ本体枠（手前）をダボでつなぐ加工を施す。（P50参照）

3. Ⓓ本体枠（縦）にⒷ本体枠をダボ加工②

Ⓓ本体枠（縦）にⒷ本体枠（手前と奥）をつなぐためにダボマーカーで印をつける。

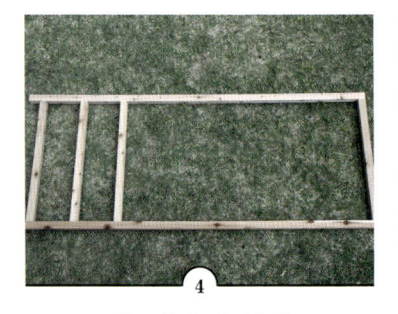

4. Ⓓ・Ⓑをダボ接着

Ⓓ本体枠（縦）とⒷ本体枠（手前）をダボ接着でつなげたところ。ハタガネで締め付けてすき間があかないようにする。これを2セット製作。

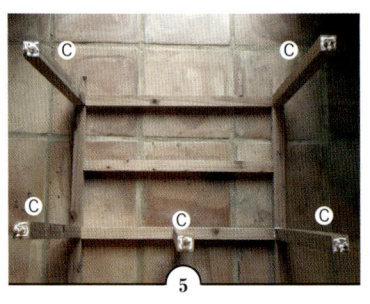

5. Ⓒ本体枠をダボ接着①

4で製作した本体枠正面と奥をⒸ材でダボ接着する。写真は引き出し部分。上部も含めて合計8本をつなぐ。

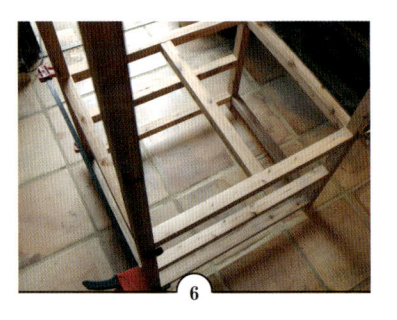

6. Ⓒ本体枠をダボ接着②

長いハタガネで締め付けながら作業する。固くて入りにくい箇所はあて木をして金づちで叩き入れる。これで全体の形が見えてくる。

7. Ⓔ補強角材を45度にカット

Ⓔ補強角材を用意し両端を45度にカットする。細いドリルで写真のような角度で下穴をあけておくと取り付け作業がはかどる。

8. 太めのドリルで浅く穴をあける

7で下穴をあけた箇所に太めのドリル（直径8mm）で浅く穴をあけておくとネジ山が隠れてスッキリとする。本体上部と下部に取り付け。

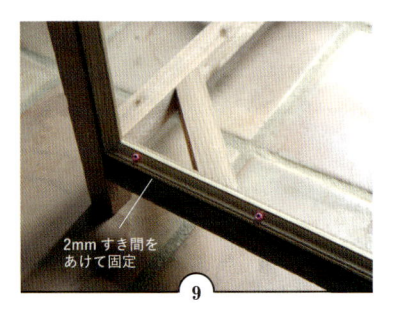

9. Ⓨモールディングを取り付ける

Ⓨモールディングを用意し、本体両側面に取り付ける。現物合わせで45度にカットし、外側に寄せてボンドとカクシ釘で固定。

2mmすき間をあけて固定

10. Ⓙ・Ⓚ側面板の固定

Ⓙ・Ⓚ側面板を用意しボンドとクギで本体枠の内側から固定。モールディングからクギがはみ出さないように斜めに打つのがコツ。

11. 両側面に側面板を貼り付けた状態

両側面に側面板を貼り付ける事で、箱の形状が出来上がる。無垢板を張り合わせるよりも軽く安価に仕上がるので、おすすめ。

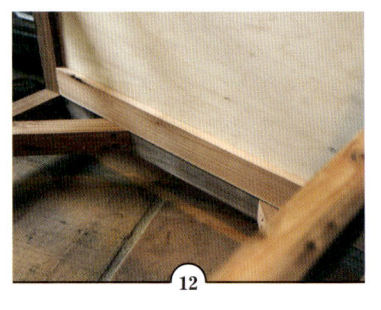

12. Ⓕ引き出しレール用の板の取り付け①

Ⓕ引き出しレール用の板を内側から上下に4カ所ボンドで接着。写真は下部。これはⓀ側面板の補強も兼ねている。

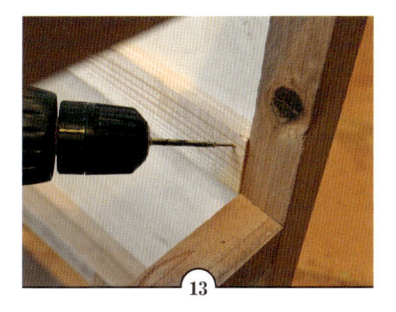

13 Ⓕ引き出しレール用の板の取り付け②

ボンドが乾いたらビスをⒹ本体枠（縦）に入るようにビスを斜めに打つ。写真は上部。

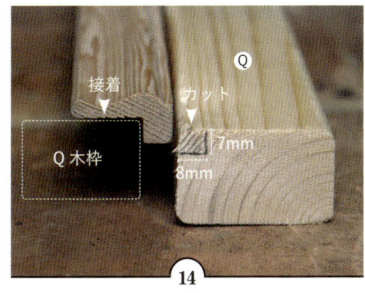

14 Ⓠ扉の木枠（縦）の加工（任意）①

Ⓠ扉の木枠（縦）にⓈモールディングの下側の角が入るように加工。今回は左利き仕様なのでモールディング、カット面を逆にしてください。

15 Ⓠ扉の木枠（縦）の加工（任意）②

丸ノコテーブルでⓆ扉の木枠（縦）をカットする。刃の高さを7mmに設定し、切り込みを入れる。次にもう片面を高さ8mmでカット。

16 Ⓠ扉の木枠（縦）の加工（任意）③

2回に分けてカットすると写真のような形になる。丸ノコテーブルは刃を出しすぎると危険なので慎重に行う事。今回のような加工は安全。

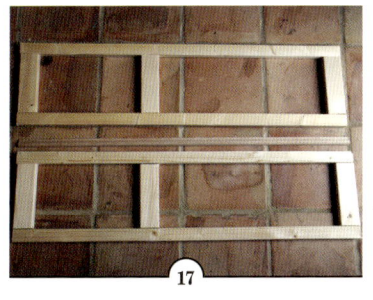

17 Ⓠ・Ⓡ扉の木枠を接着

Ⓠ・Ⓡ扉の木枠（縦横）を写真のように並べてボンドで接着。通常どおりハタガネで固定するが、きつく閉めすぎると歪みが出るので慎重に。

18 ダボ隠し用の穴をあけ、ビスで固定

接着が乾いたらダボ隠し用の穴（直径8mm）をあけビスで固定。ダボは修正が利かなくなるので、22で開閉を確認してから埋める。

19 すき間の処理

プレーナー加工材は角が予め面取りされているのですき間が出来る。マスキングテープを貼り、ボンドと木屑を混ぜながら押し込むと簡単。

20 Ⓨモールディングの取り付け

9で行った作業と同じ要領で扉の内側にⓎモールディングを取り付ける。

21 蝶番の取り付け

20で製作した扉に蝶番を取り付ける。合計6カ所。取り付け方はP98参照。

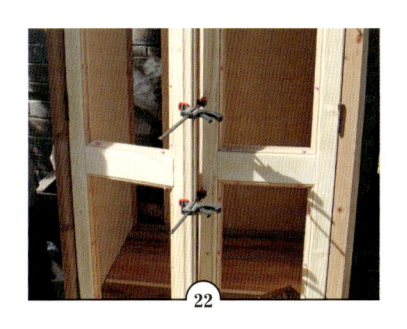

22 扉を取り付けて開閉を確認

Ⓢモールディングを接着し、扉を本体枠に取り付けて開閉を確認。干渉する箇所があったら、カンナやヤスリでけずり、微調整をする。（重要）

23 Ⓧ扉の板を固定

10で行った作業と同じ要領でⓍ扉の板を、現物合わせでカット。扉裏面に接着しクギで固定する。

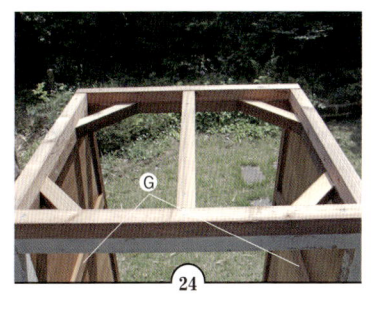

24 Ⓜ・Ⓝモールディングの押さえの取り付け

Ⓜ・Ⓝモールディングの押さえを本体上部にボンドとビスで固定する。次に本体両側面にⒼ側面の補強材（横）2枚を取り付ける。

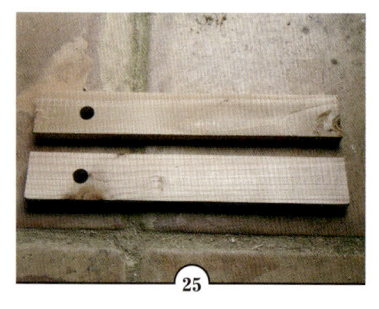

25 Ⓗ側面の補強材（縦）に穴をあける
Ⓩ鉄製丸棒が入る穴をⒽ側面の補強材（縦）にあける。両方とも貫通させていい。

26 Ⓩ鉄製丸棒のカット
本体内側に取り付けるⓏ鉄製丸棒をジグソーを使い現物合わせでカット。ホームセンターでもカットしてもらえる。

27 Ⓗ側面の補強材（縦）をビスで固定
25で製作したⒽ側面の補強材を中央に接着し、鉄製丸棒と一緒にビスで固定する。

28 鉄製丸棒の取り付け
横棒の鉄製丸棒は、強度が高いのでおすすめ。木製にする場合は重さでしなってくる場合があるので、直径21mmのサイズにすると安心。

29 アンティーク塗装
今回はサイズが大きいので左官用のコテを使いバターミルクペイントを塗装している。写真は薄めたオイルステインをハケで塗装している。

30 ⓐ・ⓑ引き出しの木枠を製作
ⓐ・ⓑ引き出しの木枠をボンドとビスで固定。歪みが出ると引き出しの開け閉めに支障が出るので、慎重に直角を確認する。

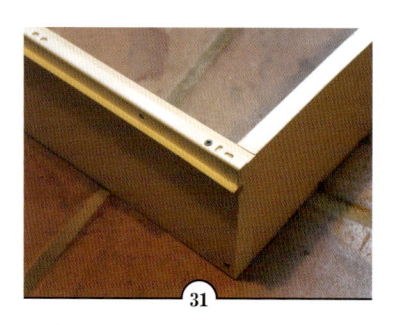

31 ⓗスライドレールの仮取り付け
ⓗ引き出しレールを30で製作した木枠底面に仮で取り付ける。取り付け方法はP121参照。本体にも取り付け、開閉確認を必ず行う事。

32 ⓖ引き出しの底板を固定
引き出しの開閉が確認できたらスライドレールを外し、ⓖ引き出しの底板をボンドとクギで固定する。

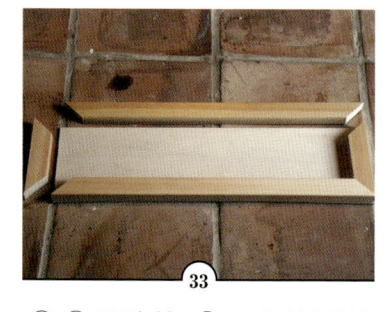

33 ⓒ・ⓓ正面角材とⓔ正面板材を接着
ⓒ・ⓓ正面角材の両端を45度にカットし、ⓔ正面板材（裏）に接着。ハタガネで圧着するとすき間が出来にくい。乾いたらクギで補強。

34 ⓕ正面板材（表）を接着
ⓕ正面板材を表面から接着する。これをつける事で、モールディングが奥に入りすぎず適度な位置に固定できる。ツマミ部分の強度もアップできる。

35 Ⓨモールディングの取り付け
Ⓨモールディングを現物合わせで45度にカットし木枠の内側に接着。カクシ釘が裏側にはみ出さないように斜めに打ち付ける。

36 正面板の取り付け
35で製作した正面板を引き出しに接着する。下側は厚紙などを噛ませて角材部分に干渉しないようにする。乾いたら裏面からビスで固定。

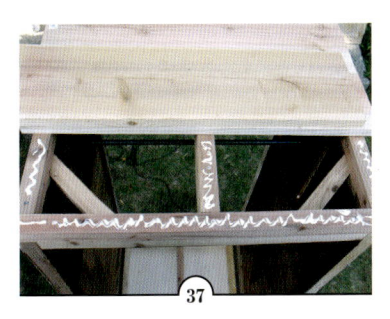

37
Ⓐ天板を本体上部に接着

Ⓐ天板を本体上部に接着。裏面はモールディングを取り付けないので、面位置に合わせる。乾いたら反りを考慮しそのままビスで固定する。

38
Ⓞ・Ⓟモールディングの取り付け

Ⓐ天板下側に⒪・Ⓟモールディングを現物合わせで45度にカットし（裏面は面位置）接着。乾いたらカクシ釘で補強する。

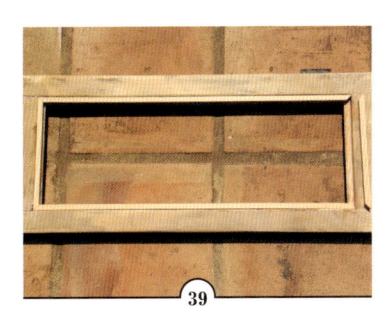

39
Ⓥ・Ⓦガラスの押さえ（縦・横）をカット

Ⓥ・Ⓦガラスの押さえ板（縦・横）を用意し、扉上部に現物合わせでカットする。

40
Ⓤガラスの取り付け

Ⓤガラスを用意し扉上部にはめ込み、Ⓥ・Ⓦガラスの押さえを細いビスで固定する。ガラスが割れた場合を考慮し、ボンドはつけない。

41
Ⓣ戸あたりを取り付ける

扉を仮固定しⓉ戸あたりを取り付ける。きちんと閉まるように位置を調整する。

42
ラッチの取り付け

Ⓣ戸あたりの下面にラッチを取り付ける。反対側の扉も同様に扉を仮固定し、ラッチを取り付けて閉まり具合を確認する。

43
Ⓛ背板を取り付ける

扉を外し本体を部屋に移動する。重いので組み立ては設置する部屋で行うと良い。本体背面にⓁ背板をボンドとクギで接着する。

44
Ⓘ棚板を取り付け

Ⓘ棚板3枚を現物合わせでカット。手前と奥はⒹ本体枠（縦）に干渉するので、角を落とす必要がある。

45
取っ手の取り付け

取っ手を取り付けて完成。裏面からナットで固定するタイプなので、ドリルで穴をあける作業が必要。種類が沢山あるのでこだわりたい。

完成

〔右〕正面から見た状態。こんな大きな家具も、がんばればつくれます！
〔左〕側面に帽子やストールなどの小物をかけるフックをつけると、さらに実用的に。

本格的な収納棚も手づくり
引き出し16杯の棚

製作時間：4日
予算：25000円（金具含まず）

引き出しがたくさんある棚は、アンティークで買うと10万円以上はしてしまいます。欲しいけど買えない、憧れ家具の1つです。家具づくりで一番お金がかかるところは、実は引き出しの取っ手の金具の部分。取っ手ひとつで、安くても400円くらい。いいものは600〜700円位します。ここに少々お金をかけてもいいのなら、是非つくってみて欲しいです。引き出し自体は簡単につくれます。ただ、数が多いのでくり返しの作業になります。持久走だと思えば、つくるのは難しい家具ではありません。（聡）

【材料】

- Ⓐ 天板：SPF（厚19 ×幅140 ×長965）× 1枚
- Ⓑ 天板：SPF（厚19 ×幅175 ×長965）× 1枚
- Ⓒ 側板：SPF（厚19 ×幅286 ×長670）× 2枚
- Ⓓ 仕切り板（縦）：SPF（厚19 ×幅286 ×長632）× 3枚
- Ⓔ 仕切り板（横）：SPF（厚19 ×幅286 ×長875）× 5枚
- Ⓕ モールディングの押さえ板：赤松（厚30 ×幅45 ×長913）× 4本
- Ⓖ モールディングの押さえ板：赤松（厚30 ×幅45 ×長196）× 5本
- Ⓗ モールディング正面：（厚15 ×幅35 ×長約1000）× 2本
- Ⓘ モールディング側面：（厚15 ×幅35 ×長約350）× 4本
- Ⓙ 裏板：シナベニヤ（厚4 ×幅約670 ×長約913）× 1枚
- Ⓚ 引き出し板（前後）：プレーナー加工材（厚15 ×幅120 ×長170）× 32枚
- Ⓛ 引き出し板（側面）：プレーナー加工材（厚15 ×幅120 ×長265）× 32枚
- Ⓜ 引き出し板（正面）：レッドシダー（厚17.5 ×幅140 ×長200）× 16枚
- Ⓝ 引き出しの底板：（厚4 ×幅200 ×長265）× 16枚

＊寸法に約がついている箇所は現物合わせ

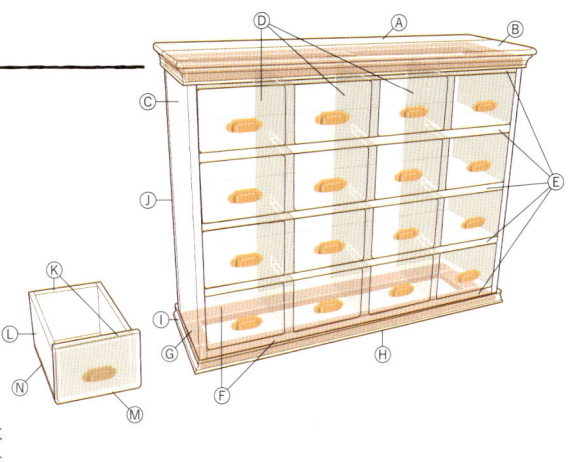

【道具・その他材料】

ボンド / オイルステイン / ワックス / バターミルクペイント / カクシ釘 / ビス / ダボ / 取っ手× 16個

作り方

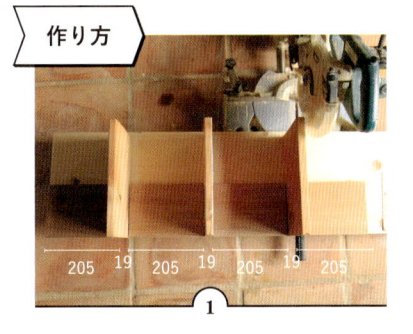

1　仕切り板の墨入れ

Ⓔ仕切り板（横）5枚に墨入れを行う。オリジナルサイズで製作する場合は、Ⓜ引き出し板（正面）を基準として仮並べを行うと全体の寸法が出しやすい。

2　仕切り板の墨入れ

同様に、Ⓓ仕切り板（縦）3枚に墨入れを行う。

3　仕切り板の噛み合わせをつくる

Ⓓ・Ⓔ仕切り板を噛み合わせにするため、19mmの厚み分をカット。端材をあてて定規代わりにすると、垂直や直角が歪みにくい。

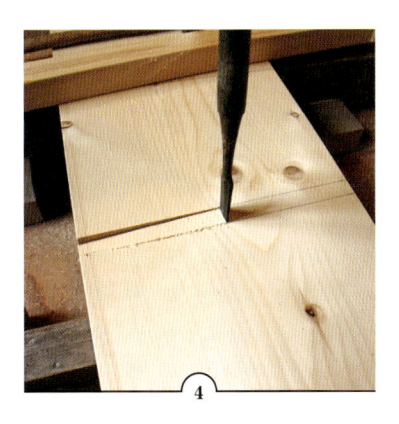

4　噛み合わせをノミで落とす

ノコギリで切り込みを入れ終わったら、ノミをあて、金槌で軽く叩いて表と裏に切り込みを入れ落とす。

5　Ⓓ・Ⓔ合計18カ所のカット

上記画像の噛み合わせ用の切り欠きをⒹ仕切り板（縦）3枚、Ⓔ仕切り板（横）3枚、各3カ所につくる。合計18カ所。

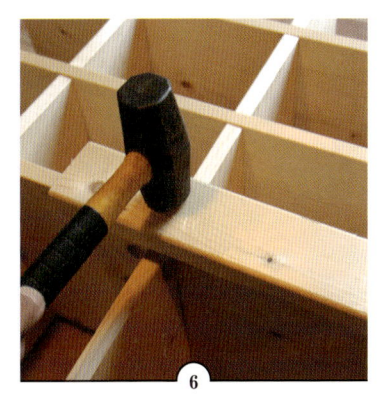

6　仕切り板の組み立て

噛み合わせが出来たら、Ⓓ・Ⓔ仕切り板の接着面にボンドをつけておく。あて木を使い、金づちで叩き入れて組み上げる。はみ出したボンドはすぐにぬれ雑巾などでふき取る。

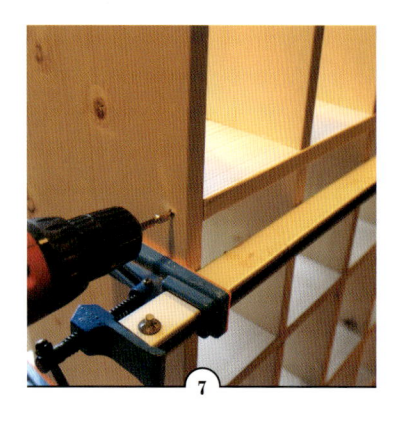

⑦ Ⓔ仕切り板の取り付け

Ⓔ仕切り板（横）の残り2枚を接着しビスで固定。板が反っている場合が多いので、ハタガネで締め付けながら反りを矯正すると良い。

⑧ Ⓒ側板の取り付け

Ⓒ側板部分は見える箇所なので、ダボ隠しで固定する。（P49参照）

⑨ カンナで修正

輸入SPF材は幅が2〜3mmくるっている場合が多いので、カンナなどで平らに修正する。厳密に行うと大変になるので、目立たない程度で諦めるのがコツ。

⑩ すき間の処理

すき間は安い木材では当たり前にできるので、安価で簡単に修正。まずすき間に沿ってマスキングテープを貼り、木工用ボンドと木の粉を指先でこね、すき間に埋め込む。塗装ものるのでおすすめ。

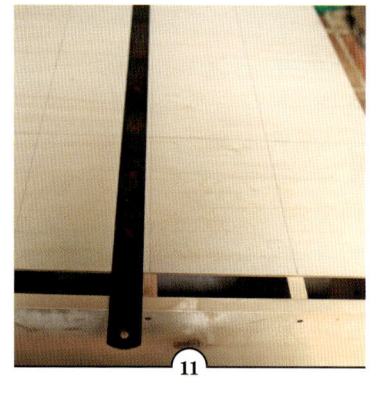

⑪ 裏板のカット

Ⓙ裏板を箱の裏面にあて、現物合わせでカットすると、箱本体が制作過程で歪んでいても奇麗に仕上がる。定規で仕切り板の位置を書いておく。

⑫ 裏板の取り付け

Ⓙ裏板はボンドとクギで固定。ベニヤは切り口がささくれ立つので、端をカンナやサンダーで丸くけずっておく。側面から見た時にベニヤの厚みが目立たなくなる効果もある。

⑬ モールディングの押さえ板の取り付け①

Ⓕ・Ⓖモールディングの押さえ板を天面にボンドで接着する。乾いたらビスで固定。

⑭ モールディングの押さえ板の取り付け②

同様にⒻ・Ⓖモールディングの押さえ板を底面に固定する。

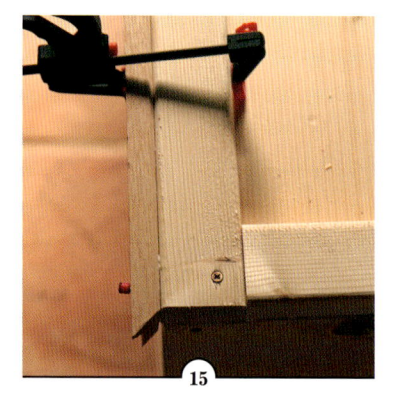

⑮ モールディングのカット

Ⓗ・Ⓘのモールディングを現物合わせで45度にカットし、ハタガネで仮固定しながら慎重に位置合わせを行う。接着と固定はⒶ天板の後に行う。

16 Ⓐ天板を取り付ける

Ⓐ天板をダボ隠しで固定する。Ⓐ天板とⒷ天板は長いので反りが出やすい。そのため、反り防止のためにダボ接着で5カ所程度つなぐ。（P50参照）

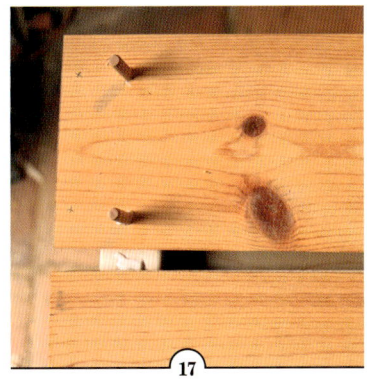

17 Ⓑ天板を取り付ける

Ⓐ天板を固定したら、Ⓑ天板をボンドで接着する。天板の取り付けが完了したら、15でカットしたモールディングをボンドとカクシ釘で取り付ける。

18 引き出しの木枠を接着

Ⓚ・Ⓛ引き出し板を接着し、ハタガネで固定する。接着面の向きに注意。歪みが出る場合があるので、差し金で直角を確認しながら作業を進める。合計16杯製作。

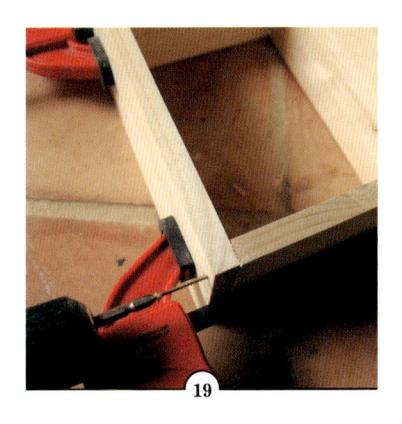

19 引き出しの木枠をビスで固定

接着が乾いたら、下穴をあけてビスで固定する。

20 Ⓝ引き出しの底板を固定

Ⓝ引き出しの底板をボンドで接着。乾いたらクギで固定する。

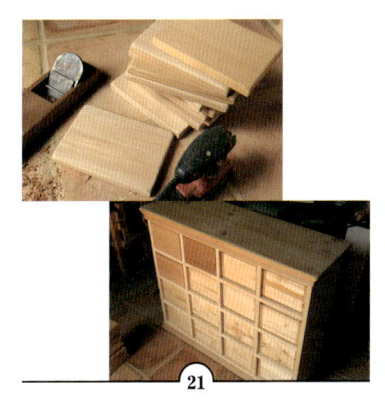

21 引き出しの正面板の角を丸くする

Ⓜ引き出し板（正面）のパーツの角をカンナで丸めサンダーで滑らかにする（任意）。写真下は引き出しをセットし、正面板をあてた状態。

22 取っ手の取り付け

中央に位置を決め、細いドリルで下穴をあける。

23 ガイドをつくる

数が多い場合は位置決め用のガイドをつくると便利。余ったベニヤを正面板の角にあて、22であけた下穴と同じ位置に、穴をあける。

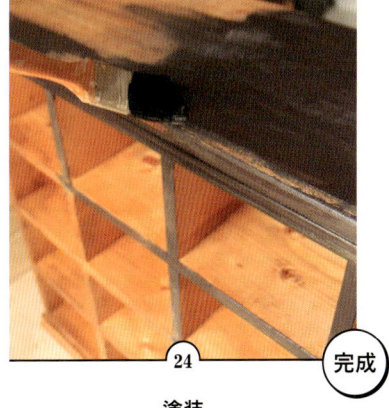

24 塗装

バターミルクペイントの茶色に黒を混ぜ（任意）、ハケやローラーで塗装する。

完成

Tea Time
ティータイム

【 いろいろなシーンで使える
取っ手付きのボックス 】

Gardening
ガーデニング

取っ手付き
ボックスの作り方

製作時間：5時間　予算：2300円

前ページ（P108-109）のように、まったく同じ箱でも、使う用途によって全然表情が違ってきます。ひとつの家具や雑貨をつくった後、使い方をそれぞれ工夫していただけると、つくったものの可能性がどんどん広がっていきます。この取っ手つきのボックスも、持ち運べる用にデザインされていますので、屋内外問わず、いろいろなシーンで使い回すことができます。自分で手づくりした家具の、使い方のアイデアも豊富にあると、毎日の生活も楽しくなると思います。（佐）

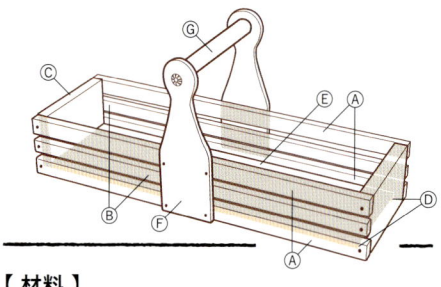

【材料】

Ⓐ前・奥板：赤松（厚15×幅24×長500）×4本
Ⓑ前・奥板：米松（厚15×幅20×長500）×2本
Ⓒ側板：古材（厚18×幅140×長86）×2枚
Ⓓ底板の押さえ：アガチス（厚8×幅8×長464）×2本
Ⓔ底板：シナベニヤ（厚4×幅約139×長約463）×1枚
Ⓕ持ち手用側板：アガチス（厚8×幅75×長220）×2枚
Ⓖ持ち手：ラミン（直径21×長170）×1本
＊寸法に約がついている箇所は現物合わせ

【道具・その他材料】

ボンド / オイルステイン / ワックス /
バターミルクペイント / クギ / ビス / 飾り鋲×2

作り方

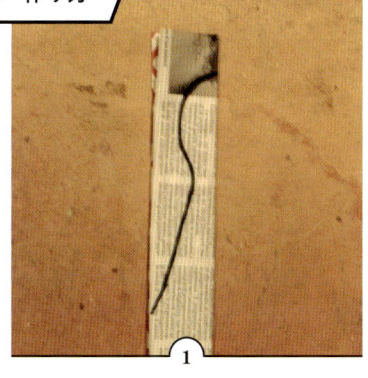

1. Ⓕ持ち手用側板の型紙をつくる

新聞紙を二つ折りにして、つくりたい型の半形をマジックで書く。マジックに沿って新聞紙をはさみで切る。

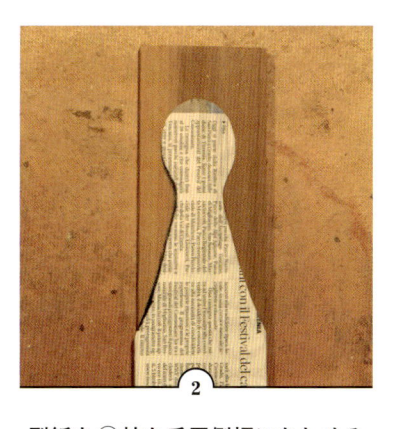

2. 型紙をⒻ持ち手用側板にあわせる

Ⓕ持ち手用側板に型紙を乗せ、型紙に沿って墨線を引く。

3. ジグソーで切る

墨線に沿ってジグソーで切り出す。これを2枚製作する。

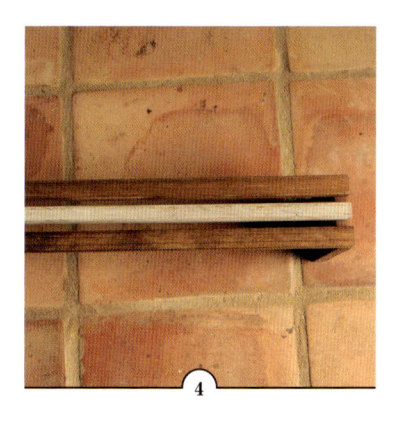

4. Ⓒ側板にⒶⒷ前・奥板をつける

Ⓒ側板にⒶⒷ前・奥板をボンドで接着する。ボンドが乾いたらクギで固定する。

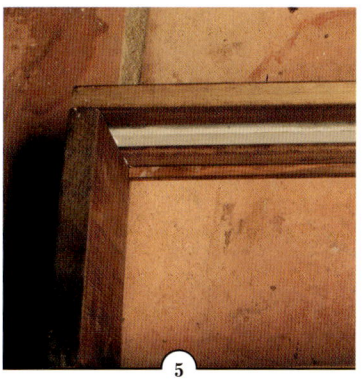

5. Ⓓ底板の押さえをつける

Ⓓ底板の押さえをⒶ前・奥板の底面にボンドで接着する。ボンドが乾いたらクギで固定する。

6. Ⓔ底板をつける

Ⓓ底板の押さえにボンドを塗り、上にⒺ底板を乗せる。ボンドが乾いたらクギで固定する。

7. Ⓕ持ち手用側板をつける

箱の中央に印をつけ、Ⓕ持ち手用側板にボンドを塗り、乾いたらクギで固定（片側4カ所ずつ）。前・奥の位置がずれないよう注意する。

8. Ⓖ持ち手をボンドで接着する

Ⓕ持ち手用側板にⒼ持ち手をボンドで接着する。ボンドが乾くまで待つ。

9. ビスを打って飾り鋲をつける 完成

ビスを打ち、飾り鋲をつければ完成！

長男の部屋の家具・収納を、すべて手づくり！

　自分が子供の頃に欲しかった部屋を実現しました。現在のところ、一番新しくできあがった部屋で、完成は2013年1月。8カ月くらいかけて仕上げました。僕が子供の頃、新聞広告に入ってくるマンションの間取り図のチラシを見て、自分の部屋だったらここをこうして、ああしてって、毎朝楽しみにイメージトレーニングしていました。それが今、役に立ちましたね（笑）。

Before

After

①机の上の壁面本棚も引き出し付。横幅もぴったりサイズに。②照明は岡崎製材のリビングスタイルハウズで購入したもの。③ロフトの寝所スペース。空間の有効活用ほか、秘密基地のような雰囲気も漂う。④ロフトまでは梯子を使う。これぞボーイズライフ。

この部屋のテーマは狭い部屋の有効活用です。ベッドを置くと、すごくスペースを取るので、狭い部屋だと他に何も置けなくなってしまう。そこで天井板を取り外し、屋根に断熱材を入れる事で高さと快適性を確保。ロフトをつけて寝る場所にする事で、下の空間を自由に使えるようにしました。

机は目一杯横長の作り付けにしています。中学生のとき、友達の家が新築されて遊びに行ったら、壁一面作り付けの机をつくってもらっていたんです。田舎だったし、当時作り付けの家具なんて見たことも聞いたこともなかった。カフェに置いてあるような椅子も2脚あって、机にゼットライトとかついていて。友達は「ここでプラモつくるんだ」とか言ってたけど（笑）、私は幅の広い作り付けの机に、それはもう憧れてしまったんです。

　窓枠の下の棚もつくって、本棚も作り付けのものにしました。アンティークのステンドグラス窓の向こうは、隣の長女の部屋。木枠をつくって開閉式にして、長男の部屋から長女の部屋への風通しも確保。開け閉めできるのは長女の部屋側からだけです。自分の部屋といっても、本当の密室にはせず、どこかしら家族の気配が感じられるといいなと思っています。この部屋はアイデアを詰め込んだオリジナルの塊だし、現在までの部屋づくりの集大成と言えますね。（聡）

⑤聡さんが憧れた作り付けの机。横長、幅広の机は大人も羨む贅沢家具。　⑥学校からプリントをもらうことが多いため、書類棚をつくった。佐和子さんが紙入れ収納にねらっている。　⑦窓の向かい側は長女の部屋。アンティークのステンドグラスはイギリスからの輸入品。　⑧カーテンレールの棚（製作途中）、窓枠下の棚、右手の作り付けの本棚もすべて手づくり。縦長の上げ下げ窓はヨーロッパの邸宅のよう。　⑨入口ドアの上に空間があったので、飾り棚をつけた。いずれは扉をつけて収納にする予定。

部屋に入って右手側の、完成前の状態。ここから約8カ月で現在の部屋をつくりあげた。

隠れ家的雰囲気の机まわり。横長の机は、IKEAのスチールキャビネットに乗せただけだが、大きな板を使ったアイデアが光る。

長女の部屋の
インテリアと収納

　長男の部屋よりも少し狭いので、これも工夫してロフトにしました。長女が小学5年生くらいの頃に完成したものです。机の上がロフトになっているのですが、ロフトは長男の部屋に比べて、低めの位置につくってあります。机まわりは壁に囲まれているような学習空間で、落ち着く隠れ家的な雰囲気にしてあります。落ち着くとは思うのだけど、勉強がはかどってる様子は見たことないかな（笑）。机の天板は両脇にあるキャビネットの上に乗せているだけの簡単なもの。ロフトへ上る階段には、鉄道の枕木を使用しています。これは硬くていいですよ。階段脇にあるアーチ型の扉の中は洋服ダンスです。窓はマーヴィン社製で、窓枠は外側がアルミ、内側は木材です。2階の窓の外側は手入れができないので、耐久性の高いアルミを採用。内側は木材を水色に塗装しました。長男の部屋も、長女の部屋も、5畳半と5畳くらいの狭いスペースです。でも、この2部屋には狭い空間の有効活用法が詰まっています。アイデア次第で、小さな部屋でも狭さ、息苦しさを感じさせない部屋づくりができると思っています。（聡）

①ロフトへは階段で。ここはやはりガールズライクな仕様に。②階段上にはニッチが。壁面を利用したさり気ないセンス。③机左手から、入口の扉が見えるアーチ。隠れ家からちょうど覗けるような楽しい演出。④こちらの窓も上下開閉式。水色の窓枠がかわいらしい。⑤今回製作されたアンティークのワードローブ。昔から置いてあったように違和感なく収まっている。⑥階段下のデッドスペースは本棚や収納スペースになっている。

子どもの頃に憧れた 作り付けの机

製作時間：4日
予算：16000円

この机には、ただ横長の天板を渡すのではなく、引き出しをつけたかった。それも浅い引き出し。底が深い引き出しだと、自分の足がひっかかって邪魔になるので、このサイズが欲しかったのです。サイズを自分の都合の良いものに変えて憧れの家具をつくる。これは、その最たるものですね。オーダーメイドの作り付けの家具ってすごく贅沢。それを安く自分でつくる。安いけど、塗料やデザインで安っぽく見えない工夫をする。どの家具もそうですが、幅がちょっと違うだけでかっこよくも悪くもなるので、デザインにはかなり気を遣っています。（聡）

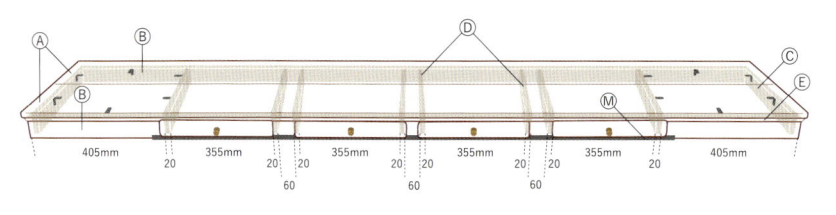

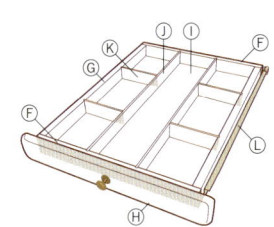

【材料】

Ⓐ天板：SPF（厚19×幅286 [267] ×長約2570）×2枚　Ⓑ木枠（手前と奥）：ヒノキ（厚20×幅85×長2570）×2枚　Ⓒ木枠（側面）：ヒノキ（厚20×幅85×長495）×2枚　Ⓓ中板：ヒノキ（厚20×幅85×長500 [495]）×8枚　Ⓔモールディング：（厚15×幅15×長2570）×1本　Ⓕ引き出しの木枠（手前と奥）：赤松（厚15×幅30×長330）×8本　Ⓖ引き出しの木枠（側面）：赤松（厚15×幅30×長415）×8本　Ⓗ引き出しの前板：古材（厚16×幅52×長380）×4枚　Ⓘ引き出しの底板：シナベニヤ（厚4×幅330×長453）×4枚　Ⓙ引き出しの仕切り（任意）：シナベニヤ（厚4×幅30×長約421 [415]）　Ⓚ引き出しの仕切り（任意）：シナベニヤ（厚4×幅30×長約103 [100]）　Ⓛスライドレール：（レール長さ450mm）×4セット　Ⓜ建築用L字アングル：（厚2×幅20×長1820）×1枚　※[ ]内の数字はトリマー・ルーター・スライド丸ノコが無い場合の寸法。

＊寸法に約がついている箇所は現物合わせ

【道具・その他材料】

ボンド / オイルステイン / ワックス / バターミルクペイント / クギ / カクシ釘 / ビス / L字金具×12個 / 取っ手×4個 / 間柱センサー / 鉄鋼用ドリル / 鉄鋼用ドリルオイル

作り方

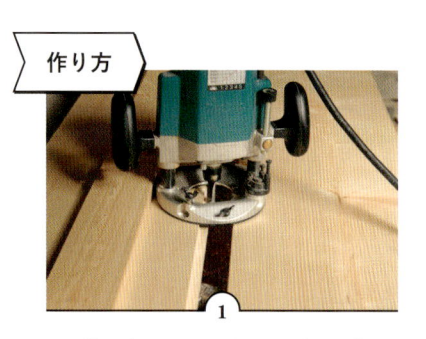

Ⓐ天板をアイジャクリ加工①

トリマーやルーターを持っている場合は、Ⓐ天板にアイジャクリ加工を施す。板材をクランプで固定し定規として使う事で直線が彫れる。

— 118 —

2 Ⓐ天板をアイジャクリ加工②

幅15mm、深さ9.5mmにけずり落とした状態。もう一枚も同じように彫る。トリマーなどがない場合はダボでつなぐ。

3 Ⓐ天板をアイジャクリ加工③

アイジャクリ加工を行う事で、反りや暴れを軽減させる事ができる。また飲み物をこぼした時に引き出しの中に浸水しにくくなる。

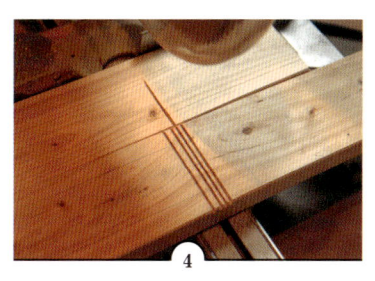

4 Ⓑ木枠（奥）に溝を彫る

スライド丸ノコがある場合は、Ⓑ木枠（奥）にⒹ中板との噛み合わせ用の溝を彫ると作業性が良い。幅20mm、深さ5mm。

5 Ⓑ木枠とⒹ中板を固定

4で彫った溝にⒹ中板を噛み合わせた状態。ボンドで接着し、裏からビスで3カ所固定する。これを合計8カ所つくる。

6 5で製作したⒷ・Ⓓ材を壁に固定

製作したⒷ・Ⓓ材を壁にビスで固定する。今回は間柱の位置に合わせて引き出しの位置を決めている。間柱センサー（P10）があると便利。

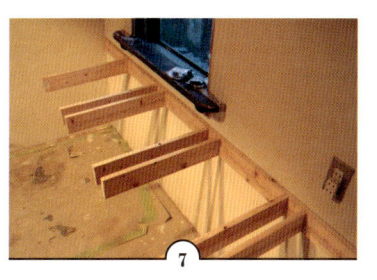

7 途中で固定する理由

木枠の完成体にしてしまうと歪みが生じたりするので、壁にぴったりサイズで収めるのは難しい。また、木枠が重いと水平が取りにくくなるため。

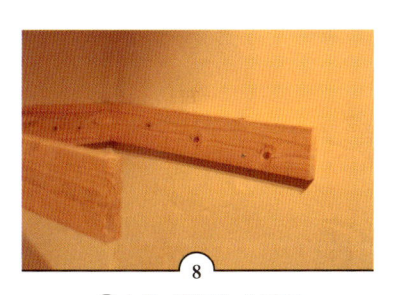

8 Ⓒ木枠（側面）を固定

Ⓒ木枠（側面）を壁とⒷ木枠（奥）にビスで固定する。壁面の固定は必ず間柱がある位置に固定する事。ない場合は脚をつけて補強する。

9 Ⓑ木枠（手前）の加工

Ⓑ木枠（手前）を用意し、引き出しが入る四隅にドリルで穴をあけ、ジグソーでカットする。寸法は10に記載。

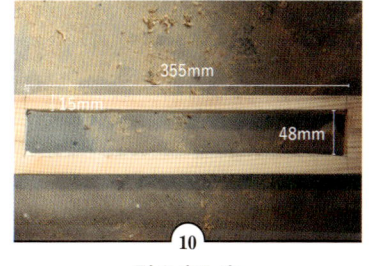

10 引き出し穴

引き出しの穴をあけた状態。歪みなどはノミやヤスリでととのえる。最終的には引き出しで隠れるのであまり神経質に作業しなくても良い。

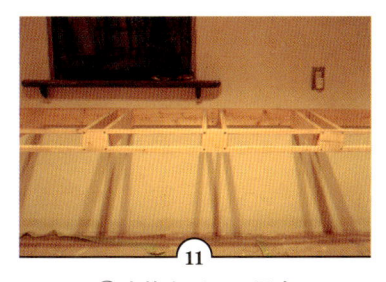

11 Ⓑ木枠をビスで固定

Ⓑ木枠をボンドとビス（上下2カ所ずつ）で固定する。上部のビスはⒺモールディングで隠れる位置に。下部はⓂL字アングルで隠す。

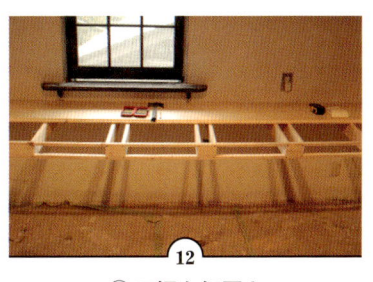

12 Ⓐ天板を仮置き

Ⓐ天板を仮置きする。通常は（家の歪みなど）引っかかってきちんとはまらないので、丸ノコなどで微調整をしながら行うと良い。

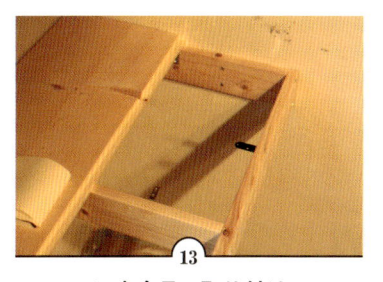

13 L字金具の取り付け

天板を固定するためのL字金具を取り付ける。上からクギやビスで補強すると、使い勝手が悪くなるので注意。

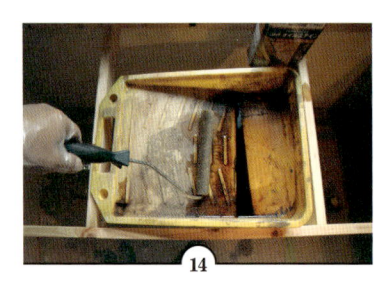

⑭ 下地塗装①
全体の下地塗装。オイルステインをローラーで塗ると手早く作業が進むのでおすすめ。

⑮ 下地塗装②
ヒノキやSPFにオイルステインを塗ると、節が強調されて仕上がりが汚くなるので注意。ステイン仕上げにする場合は、節のないものを選ぶ事。

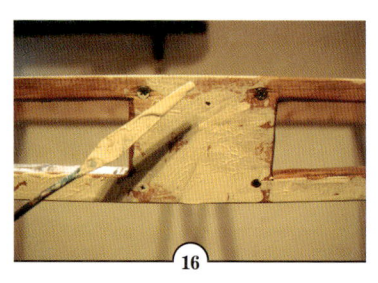

⑯ アンティーク塗装
バターミルクペイントを絵画用のペンティングナイフでラフに塗っていく。凹凸が出来るので、ワックス仕上げをすると深い味わいになる。

⑰ ⓂL字アングルの加工①
ビスで固定するための穴をL字アングルにあける。鉄鋼用ドリルオイルを塗り、ビスのスクリュー部分が入る穴をあける。片面6カ所程度。

⑱ ⓂL字アングルの加工②
更にビスの頭の径（5mm程度）に合わせたドリルで貫通しない程度にえぐると、写真のようにフラットに納まる。ケガ防止のために必ず行う。

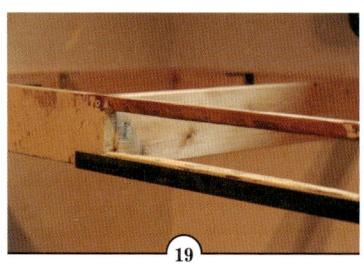

⑲ ⓂL字アングルの取り付け
穴あけ加工が終了したらⒷ木枠の下面に取り付ける。この箇所は最も強度が弱いので必ず必要。つけたくない場合は中央に脚などを設置する。

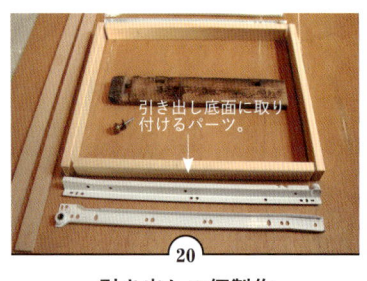

⑳ 引き出しの仮製作
スライドレールを使うため、まずⒻ・Ⓖ木枠の板をビスで仮固定し、出し入れがスムーズに行えるかをテストする。必ず説明書を読んで行う事。

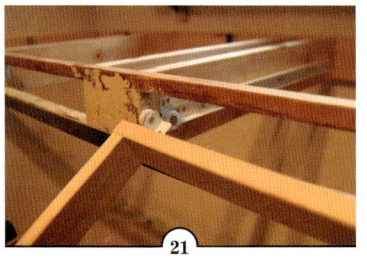

㉑ テスト①
スライドレールのビスは失敗を想定して2カ所で固定。取り付けたら出し入れのテストして確認。きつい場合はⒻ材をカットして微調整する。

㉒ テスト②
出し入れがゆるく、引っかかる場合は、Ⓕ材を長めにカットして再チャレンジする。

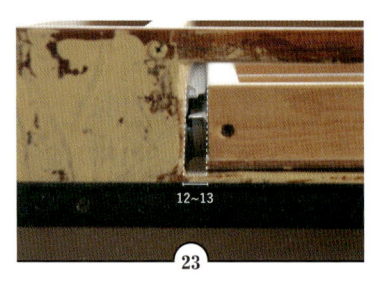

㉓ 引き出しと側板のすき間の寸法
引き出しと側板のすき間の寸法は12～13mm。頻繁に使う引き出しは、スライドレールを取り付けると便利なのでおすすめ。

㉔ 引き出しの製作
Ⓕ・Ⓖ材をボンドで接着。スライドレールつきの引き出しは歪みがあると出し入れが重くなるので、差し金で直角を確認しながら作業する。

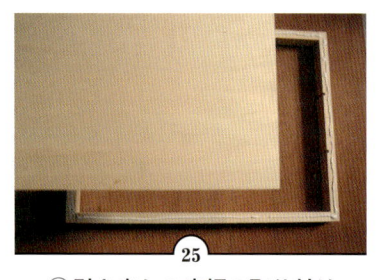

㉕ Ⓘ引き出しの底板の取り付け
Ⓘ引き出しの底板をボンドで接着する。木枠の歪みを補正しながら行うと良い。

26 Ⓘ引き出しの底板の取り付け
乾いたらクギを打ち、木枠にビスを取り付けて補強する。

27 引き出しの仕切り（任意）①
予めⒻ・Ⓖの木枠にスライド丸ノコで幅4.5mm、深さ3mmの溝を彫っておくと良い。Ⓙ引き出しの仕切り板の長さは現物合わせで決める。

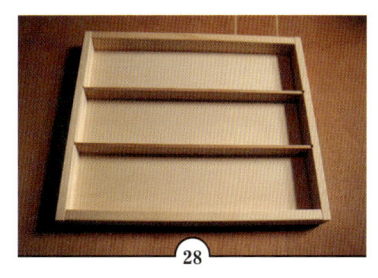

28 引き出しの仕切り（任意）②
Ⓙ引き出しの仕切りをカットしたら、27で彫った溝と底面の接着面にボンドを塗り、はめ込んで接着する。

29 引き出しの仕切り（任意）③
Ⓚ引き出しの仕切りを取り付ける。Ⓙ部分は細いクギで固定して強度を出す。

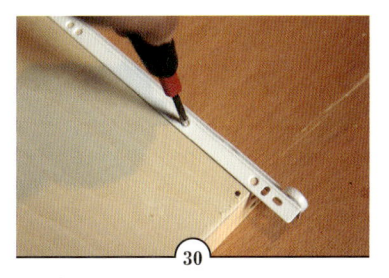

30 Ⓛスライドレールの取り付け
Ⓛスライドレールの底面用のパーツを取り付ける。

31 Ⓐ天板の固定①
バターミルクペイントで仕上げたⒶ天板をビスで固定する。アイジャクリ加工を施した箇所にビスを入れる。

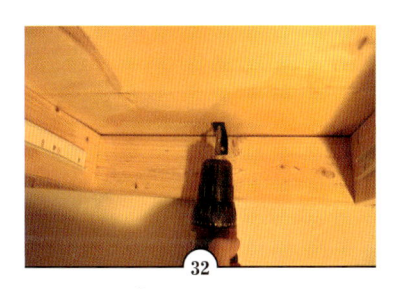

32 Ⓐ天板の固定②
Ⓐ天板の奥側は13で取り付けたL字金具で固定する。

33 ボンドで接着
Ⓐ天板の手前部分を取り付ける。アイジャクリ加工の部分にボンドをつけてすき間があかないようにする。

34 Ⓔモールディングの取り付け
ⒺモールディングをⒷ木枠の上部に取り付ける。ボンドとカクシ釘で固定。

35 Ⓗ引き出しの前板の接着
Ⓔ引き出しの前板を引き出しにボンドで接着。閉めた際にモールディングにぶつからない位置に調整する。Ⓕ木枠の裏面からビスで補強する。

36 取っ手を取り付けて完成
取っ手を前板に取り付けて引き出しの完成。

37 用途に合わせた引き出しの仕切り　完成
仕切りは、入れる物の用途に合わせてつくると楽しい。特にデスクまわりは細々としたモノが多いので、使い勝手が格段に向上する。

木工初心者でも、本当につくれます！①

小学生のトラウマがなくなった〜

買うと意外に高い、カッティングボードづくりに挑戦

【つくる人】ライター・田中

文・田中里奈

小学校の図画工作中、自動で動く糸ノコに恐々としました。怖いのでベニヤをしっかり押さえられず、結果ノコ刃はベニヤをからめたまま上下し、その大きな音に飛び上がって後ろに並んでいた生徒もろともひっくり返った記憶があります。以来、私はノコギリ的なものには一切触れませんでした。今回、「動いちゃう刃」、ジグソーに触るとき、小学生の記憶が甦りましたが、やってみればすごく簡単！ 力も要らないし、ノコギリより早く切れる。あっという間にボードをふたつもつくれました。ジグソーは女性にお勧めの工具です！

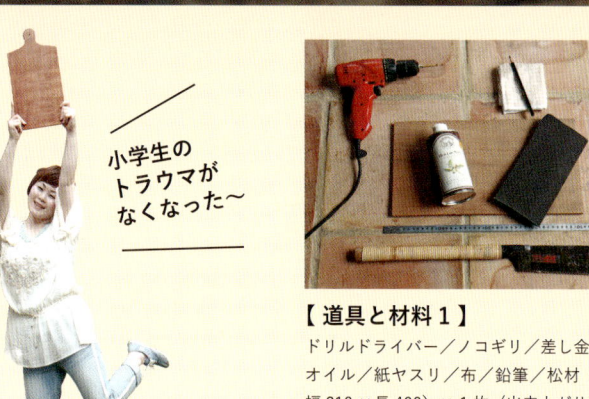

【道具と材料1】
ドリルドライバー／ノコギリ／差し金／くるみオイル／紙ヤスリ／布／鉛筆／松材（厚14×幅210×長400）×1枚〈出来上がりサイズ〉

【道具と材料2】
ドリルドライバー／ジグソー／ハサミ／くるみオイル／布／鉛筆／白い紙／松材（厚14×幅210×長400）×1枚〈出来上がりサイズ〉

> 作り方①

1：墨線を引く
差し金の使い方を教わりながら、板に墨線を引く。S字フックにかけられるホールの取っ手を残しました。

2：墨線に沿ってノコギリで切る
まず、上部の横側から切る。刃を小刻みに動かしていたら、ノコギリは大きく動かすほうがいいですよ、とアドバイスをいただきました。

3：取っ手を残して切る
取っ手の部分を残して、縦のほんの短い距離を切る。うっかりすると切りすぎてしまいそうなので、慎重に。

4：ドリルドライバーで穴をあける
フックにかけられる穴をあける。鉛筆で印をつけ、ドリルドライバーでグイッと穴あけ。

5：紙ヤスリでならす
切断して、ぎざぎざした側面を紙ヤスリでごしごしならす。食べ物を乗せるボードなので、特に丁寧にならしました。

6：くるみオイルを塗る
お料理にも使える、くるみオイルを布につけ、丁寧に塗っていく。こんなに簡単ですが、もう完成！

> 完成

> 作り方②

1：型紙をつくる
半分に折った紙にカットしたい形の半形を書き、ハサミで切る。

2：板に型紙を乗せて墨線を引く
次は曲線切りに挑戦です。板の上に乗っているのは型紙です。パズルピースの角のやつっぽいけど型紙です。

3：ジグソーで切る
自動で動く刃を持つジグソーを使います。怖がりつつも、やってみれば拍子抜けするほど簡単！ 早いしきれい！ 曲線が楽に切れました！

4：ドリルドライバーで穴をあける
フックにかけられる穴をあける。鉛筆で印をつけ、ドリルドライバーでグイッと穴あけ。

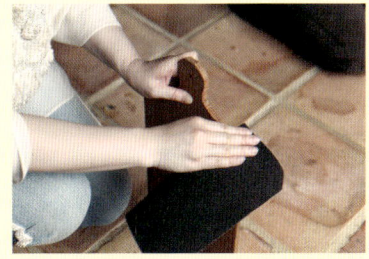

5：紙ヤスリでならす
ここでも丁寧に紙ヤスリでならします。こんなに簡単につくれるなら、まな板はもう買わなくていいなあと思いつつ。

6：くるみオイルを塗る
口に入っても安心のお料理用オイルです。使い勝手のよいサイズのカッティングボードがあっという間に2枚も完成しました！

> 完成

> 木工初心者でも、本当につくれます！②

美術1、技術1でも
つくれたよ、お母さ〜ん

意外とお気に入りが見つからない文庫本棚を手づくり！

【つくる人】編集・モロクマ

文・諸隈宏明

「家具を自分でつくってください」と佐和子さんに言われたときは、ほんとうに「ええっ！」って感じでした。なんせ、中学生の頃の技術の成績は人に言えないほどで、ノコギリを20年以上触っていない私が、「ほんとうにつくれるのかな」というのが正直な気持ちでした。で、やってみたら意外にもざっくりと作業して、小さな本棚がつくれました。前から自分サイズの文庫本用の棚が欲しいと思っていたので、本当に嬉しいです。

【道具と材料】

差し金／鉛筆／金づち／ノコギリ／ハケ／ボンド／さび釘／オイルステイン／布／杉の端材〔底板（厚15×幅110×長370）×1枚、横板（厚15×幅110×長110）×2枚、背板（厚15×幅18〜30×長370）×3枚〕

作り方

1：底板に差し金で線を引く
差し金を使うのは、生まれてはじめて。通常の直線の定規とは違って、本当にずれずに垂直に線が引けます。

2：底板をノコギリで切る
佐和子さんの教えどおり、足で切る木材を固定させて、両手でノコギリを持って切る。刃の角度でスムーズに切れるかどうかが決まるのを実感しました！

3：背板の長さを揃える
背板の長さを揃えるために、鉛筆で線を引きます。

4：背板を切る
細い角材をノコギリで切るのはコツがいるので、最初は人におさえてもらって切るといいです。

5：横板の角を切る線を引く
差し金も、少し使いなれてきました。

6：1人で切ってみる！
最初はグラグラ身体が揺れて安定しませんが、バランスがとれてくると案外簡単に切れます。

7：横板を底板にボンドでつける
「ボンドがはみ出ても、ふけば大丈夫」といわれて、ひと安心。ぎゅうっと押しつけます。

8：ボンドをふき取る
布で板からはみ出たボンドをふき取ります。だんだん形になってきました。

9：底板にクギを打つ
ボンドをつけた裏側からクギを打ちます。「なるほど、これで強度を出すのか」

10：背板にクギを打つ
おそるおそるクギを打ちました。

11：底板の木口にオイルステインを塗る
横板の色にあわせて、底板の木口にオイルステインを塗ります。塗るのは、なんだか楽しい！

12：最後に布でなじませる
オイルステインを布でのばすようになじませる。塗装の工程は不器用な人でもやりやすいので、地道な作業も全然苦になりません。

完成

木材のサイズ・価格リスト

木材の種類別に、サイズと価格の目安を記載しています。

赤松 / Japanese red pine

密度があり、堅さは中。加工が容易で、くるいはややあるが、水湿に強く耐久性に富む。

赤松 KD クリアー材

サイズ	価格
30 × 15 × 2000	¥270
24 × 15 × 2000	¥270
30 × 24 × 2000	¥450
28 × 28 × 2000	¥450
45 × 18 × 2000	¥450

赤松 KD クリアー材（面取り）

サイズ	価格
28 × 12 × 2000	¥270
28 × 19 × 2000	¥270
38 × 15 × 1985	¥400
38 × 19 × 1985	¥400
38 × 25 × 1985	¥510
28 × 28 × 2000	¥450
38 × 28 × 2000	¥600
45 × 15 × 2000	¥380
45 × 30 × 2000	¥780
45 × 36 × 2000	¥920
45 × 45 × 2000	¥1100
60 × 45 × 2000	¥1500
75 × 45 × 2000	¥1450
90 × 45 × 2000	¥1690
105 × 45 × 2000	¥1980
90 × 24 × 2000	¥1100
105 × 24 × 2000	¥1300
120 × 24 × 2000	¥1500
130 × 24 × 2000	¥1650
150 × 24 × 2000	¥1890

赤松プレーナー材（面取り）

サイズ	価格
63 × 38 × 1985	¥855
45 × 38 × 1985	¥615
38 × 38 × 1985	¥515
38 × 30 × 1985	¥410
38 × 25 × 1985	¥340
38 × 19 × 1985	¥260
38 × 15 × 1985	¥205

赤松タルキ

サイズ	価格
45 × 55 × 1985	¥360
60 × 60 × 1985	¥580
75 × 75 × 1985	¥900
90 × 90 × 1985	¥1300

赤松タルキ KD

サイズ	価格
40 × 30 × 1985	¥165
45 × 35 × 1985	¥215
45 × 45 × 1985	¥275

アガチス / Agathis

南洋系針葉樹。肌目が緻密。耐久性は低い。

サイズ	価格
3 × 20 × 600	¥60
3 × 30 × 600	¥70
3 × 45 × 600	¥130
3 × 60 × 600	¥160
3 × 90 × 600	¥260
3 × 120 × 600	¥330
3 × 150 × 600	¥420
3 × 180 × 600	¥480
5 × 20 × 600	¥70
5 × 30 × 600	¥90
5 × 45 × 600	¥140
5 × 60 × 600	¥180
5 × 90 × 600	¥280
5 × 120 × 600	¥370
5 × 150 × 600	¥480
5 × 180 × 600	¥590
8 × 20 × 600	¥100
8 × 30 × 600	¥120
8 × 45 × 600	¥180
8 × 60 × 600	¥240
8 × 90 × 600	¥370
8 × 120 × 600	¥480
8 × 150 × 600	¥670
8 × 180 × 600	¥820
10 × 30 × 600	¥140
10 × 45 × 600	¥200
10 × 60 × 600	¥270
10 × 90 × 600	¥420
10 × 120 × 600	¥560
10 × 150 × 600	¥760
10 × 180 × 600	¥890

ラミン / Ramin

やや重硬で均質な材。乾燥・加工は容易で表面の仕上がりも良好。

ラミン丸棒

サイズ	価格
4 × 900	¥50
5 × 900	¥60
6 × 900	¥70
7 × 900	¥80
8 × 900	¥100
9 × 900	¥110
10 × 900	¥120
12 × 900	¥120
15 × 900	¥120
18 × 900	¥150
21 × 900	¥200

ラワン / Lauan

ラワン ランバーコア（パネル）

サイズ	価格
15 × 910 × 1820	¥1880
18 × 910 × 1820	¥2280
21 × 910 × 1820	¥2680
24 × 910 × 1820	¥3080
15 × 1220 × 2440	¥3280
18 × 1220 × 2440	¥3880

ラワンベニヤ / Lauan veneer

ラワンベニヤ

サイズ	価格
2.3 × 910 × 1820	¥380
3.6 × 910 × 1820	¥548
5.2 × 910 × 1820	¥680
8.5 × 910 × 1820	¥1080

ラワンベニヤ耐水

サイズ	価格
3 × 910 × 1820	¥528
5.5 × 910 × 1820	¥748

モールディング / Molding

モールディング

サイズ	価格
12 × 12 × 1820	¥260
15 × 15 × 1820	¥190
12 × 12 × 1820	¥190
10 × 10 × 1820	¥120
15 × 35 × 1950	¥780
14 × 28 × 2743	¥600

ヒノキ / Chamaecyparis obtusa

くるいが少なく、加工がしやすい。強度・耐久性に優れる。

ヒノキ

サイズ	価格
85 × 20 × 2000	¥298
85 × 40 × 2000	¥498
110 × 28 × 2000	¥698
85 × 20 × 3000	¥525
85 × 40 × 3000	¥748

ヒノキ角材

サイズ	価格
90 × 90 × 3000	¥1850
105 × 105 × 3000	¥2780

©marubayashi-sanchi

米松
Douglas fir

樹脂成分により塗装障害を起こしやすいので注意が必要。耐久性がややある。

米松プレーナー面取りクリア
12 × 12 × 1950	¥240
16 × 16 × 1950	¥240
20 × 15 × 1950	¥240
43 × 12 × 1950	¥320

米松 KD（人工乾燥材）クリア
18 × 90 × 2000	¥600
15 × 85 × 2000	¥800
18 × 45 × 2000	¥300
30 × 40 × 2000	¥300

米栂
Hemlock

加工性は良いがやや折れやすい。耐久性・耐水性は低い。

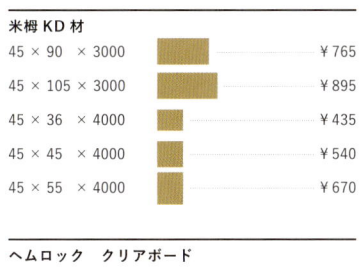

米栂 KD 材
45 × 90 × 3000	¥765
45 × 105 × 3000	¥895
45 × 36 × 4000	¥435
45 × 45 × 4000	¥540
45 × 55 × 4000	¥670

ヘムロック クリアボード
115.9 × 17.5 × 1830	¥1480
88.9 × 17.5 × 1830	¥980
63.5 × 17.5 × 1830	¥580

エゾ松
Picea jezoensis

北海道産の松。木肌が美しく実用的な強度もある。適度な吸湿性があり、家具、楽器などに幅広く使用される。やや高級。

エゾ松
14 × 60 × 1820	¥500
14 × 90 × 1820	¥750
30 × 30 × 1820	¥540
40 × 40 × 1820	¥950
24 × 60 × 1820	¥870
24 × 90 × 1820	¥1290
24 × 40 × 1820	¥570
24 × 24 × 1820	¥340
14 × 14 × 1820	¥220
14 × 24 × 1820	¥220
14 × 30 × 1820	¥250
14 × 40 × 1820	¥330
14 × 60 × 1820	¥500
14 × 90 × 1820	¥750
14 × 120 × 1820	¥1000
14 × 150 × 1820	¥1260
14 × 180 × 1820	¥1500
14 × 210 × 1820	¥1740
14 × 240 × 1820	¥2000

パイン集成材
Pine Laminated wood

輸入松材。集成材とは、断面の小さい板材を接着し、再構成したもの。幅が広いので机の天板や階段の踏み板などに使われる。強度があるが、アンティークやナチュラルテイストな作風にはあまり向かない。

パイン集成材
19 × 150 × 1830	¥990
19 × 180 × 1830	¥1180
19 × 240 × 1830	¥1580
19 × 270 × 1830	¥1780
19 × 300 × 1830	¥1980
19 × 360 × 1830	¥2380
19 × 450 × 1830	¥2980
19 × 500 × 1830	¥3280
30 × 240 × 1830	¥2780
30 × 300 × 1830	¥3480

レッドシダー
Red cedar

レッドシダーは柔らかめで加工がしやすい。耐久性・耐水性に優れる。

レッドシダークリア材
15 × 110 × 1200	¥700
14 × 14 × 1830	¥300
10 × 20 × 1830	¥300
20 × 20 × 1830	¥470
8 × 33 × 2000	¥300
8 × 75 × 2000	¥550
17.5 × 89 × 1830	¥900
17.5 × 140 × 1830	¥1450
38 × 89 × 1830	¥1990
38 × 140 × 1830	¥2990
38 × 38 × 1830	¥830
75 × 75 × 1830	¥3280
89 × 89 × 1830	¥4490

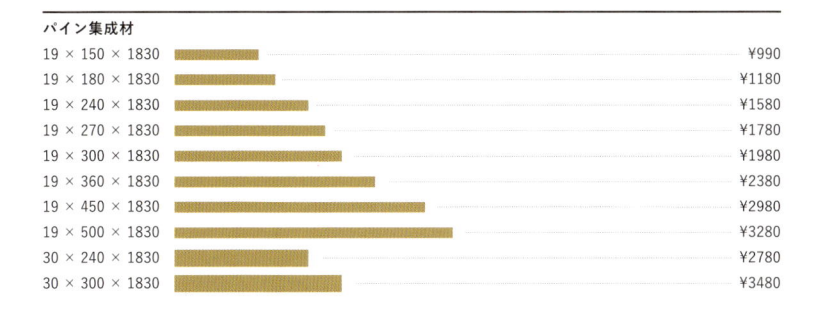

米トウヒ・松類・モミ類
SPF [Spruce, Pine & Fir]

松の仲間なので、節が多い。割れやすく、反りやすい。松ヤニなどのデメリットがあり、ステイン系の塗装には不向き。

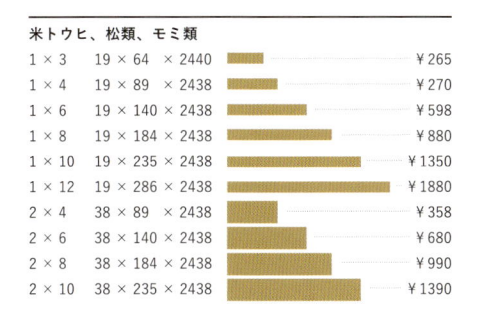

米トウヒ、松類、モミ類
1 × 3	19 × 64 × 2440	¥265
1 × 4	19 × 89 × 2438	¥270
1 × 6	19 × 140 × 2438	¥598
1 × 8	19 × 184 × 2438	¥880
1 × 10	19 × 235 × 2438	¥1350
1 × 12	19 × 286 × 2438	¥1880
2 × 4	38 × 89 × 2438	¥358
2 × 6	38 × 140 × 2438	¥680
2 × 8	38 × 184 × 2438	¥990
2 × 10	38 × 235 × 2438	¥1390

プレーナー加工材
15 × 45 × 2100	¥210
15 × 70 × 2100	¥325
15 × 95 × 2100	¥445
15 × 120 × 2100	¥560
28 × 45 × 2100	¥390
28 × 70 × 2100	¥605
28 × 95 × 2100	¥825
28 × 120 × 2100	¥1040
38 × 25 × 1800	¥210
38 × 18 × 1800	¥150

杉
Japanese cedar

杉材は柔らかめで加工がしやすい。比較的くるいは少ないが、耐水性にやや劣る。木目に沿って縦に割れやすい。

杉
13 × 90 × 1820	¥105
36 × 40 × 1820	¥120
24 × 40 × 1820	¥90
40 × 45 × 1820	¥150
15 × 57 × 1820	¥70

杉 野地板
12 × 180 × 1820 × 5枚	¥880
12 × 225 × 1820 × 8枚	¥1980
24 × 150 × 1820	¥480
24 × 180 × 1820	¥580
24 × 210 × 1820	¥680
24 × 240 × 1820	¥770

杉タルキ
36 × 45 × 1820	¥195
45 × 45 × 1820	¥245

杉特等 KD 材
30 × 40 × 1820	¥145

杉 KD プレーナー材
60 × 60 × 1820	¥498

杉アイジャクリ板（10枚入）
12 × 180 × 1820	¥4980

※価格は目安となります。サイズは木の収縮により、異なる場合があります。

わたしの次なる夢は、
P66のシェルフを
つくることです。
（諸隈宏明）

僕はまずカッコい
い道具から揃える
とします。
（根本真路）

木工の楽しさを
教わりました。
感謝です！
（田中里奈）

大丈夫！諸隈さんが
できるんだから、
みんなできますよ！
（安彦幸枝）

ご質問・ご感想は
marubayshisanchi@yahoo.co.jp
にお送りください。（石川 聡）

女子のみなさん!!
是非是非木工を
楽しんで下さい！
生活が楽しくなりますよ！
（丸林佐和子）

丸林さんちの はじめての家具づくりレシピ

2013年10月19日	初版第1刷発行
2016年12月13日	第2刷発行

著者　　丸林さんち（石川 聡・丸林佐和子）
写真　　安彦幸枝
　　　　石川 聡・丸林佐和子
　　　　〈作り方の写真〉
　　　　P27, P29, P30-31, P33, P37, P39, P63, P67,
　　　　P71, P75-76, P79, P84, P87, P89, P91, P93,
　　　　P96-98, P100-103, P105-107, P111, P118-121

テキスト　　田中里奈（ヒヨコ舎）
イラストレーション　石川 聡
デザイン　　根本真路
DTP　　宇佐見牧子
編集　　諸隈宏明
木材協力　岡崎製材株式会社
　　　　http://www.okazaki-seizai.co.jp/

発行元　　パイ インターナショナル
　　　　〒170-0005 東京都豊島区南大塚 2-32-4
　　　　TEL 03-3944-3981・FAX 03-5395-4830
　　　　sales@pie.co.jp

編集・制作　PIE BOOKS
印刷・製本　株式会社東京印書館

© 2013 Marubayashi-sanchi / PIE International
ISBN 978-4-7562-4404-8 C0070 Printed in Japan

本書の作品は個人で楽しむために製作してください。
販売などを目的とした製作は、かたくお断りしております。
本書の収録内容の無断転載、複写、複製等を禁じます。
ご注文、落丁、乱丁、本の交換等に関するお問い合わせは、小社営業部までご連絡ください。

写真：丸林日向子